Ilse Wrbka-Fuchsig
Monika Biermaier

Beeren und Obst aus dem naturnahen Garten

Inhalt

Vorwort

Frisch geerntete, vollreife Früchte verschiedenster Obstsorten aus dem eigenen Garten oder vom Balkon sind besonderes Geschmackserlebnis. Die Obstbäume und Beerensträucher werden mit viel Liebe passend zum Standort gepflanzt. Ihre Blüten erfreuen uns und bieten den Bienen und anderen Insekten Nahrung. Mit der Auswahl des Lieblingsobstes und dem Kauf robuster, dem Standort entsprechender Sorten, ist ein wichtiger Schritt gemacht. In diesem Buch werden Entscheidungshilfen und konkrete Gestaltungsvorschläge gegeben: vom kleinsten Naschkisterl, über Spalierobst und Naschhecken, bis hin zum großzügig angelegten Obstgarten. Richtig gepflanzt und gepflegt, erfreuen Obst- und Beerengehölze viele Jahre mit herrlicher Blütenpracht und köstlichen Früchten. Sie sind wichtige Energie- und Vitaminlieferanten mit wertvollen Inhaltsstoffen. Auch ökologisch sind die reifen Früchte des eigenen Gartens denen aus fernen Ländern unbedingt vorzuziehen.

Die richtige Sortenwahl erspart Probleme mit Krankheiten und Schädlingen und Misserfolge bei der Ernte. Durch verschiedene Schnittmaßnahmen können Obstbäume und Beerensträucher klein gehalten werden, bieten Sichtschutz oder gemeinsame Naschgelegenheiten mit den Nachbarn und werden durch den richtigen Schnitt gesund erhalten. Wissenswerte Details rund um die richtige Lagerung des Obstes finden Sie in diesem Buch.

Die eigene Ernte macht Freude und ist gesund, die Arbeit im Garten dafür bedeutet aber auch Erholung und Bewegung an der frischen Luft. Selbst Geerntetes wird entweder sofort genascht oder weiterverarbeitet zu Kuchen, Marmeladen, Schnäpsen und Likören, Säften, Dörrobst und Tees, aber auch zu Blütensträußen und Gestecken. Daran erfreuen wir uns noch im Winter oder machen daraus sehr persönliche Geschenke.

Ilse Wrbka-Fuchsig
Monika Biermaier

Dezember 2008

Erntereichtum des Gartens

Frisches, voll ausgereiftes Obst direkt vom Baum oder Strauch in den Mund oder auf den Obstteller – gesund, lustvoll und umweltbewusst! All unsere Sinne werden angesprochen. Bei jedem Gartenrundgang gibt es etwas zu entdecken: schöne Blüten, die von Bienen und Schmetterlingen besucht werden, und frisch gereifte Früchte! Auch im kleinsten Garten kann bei guter Planung das ganze Jahr geerntet und somit beim Einkauf gespart werden.

Ernte übers Jahr

In einem Naturgarten gibt es zu jeder Jahreszeit etwas zu genießen und zu ernten. Obstbäume und Beerensträucher lassen sich auch auf kleinstem Raum ziehen und sollten in keinem Garten fehlen. Frischer, sparsamer und umweltverträglicher als aus dem Garten kann man sich nicht versorgen. Ein Obstbaum spendet außerdem Schatten und bietet vielen Tieren Unterschlupf und Nahrung. Mit Beerensträuchern und Wildobst lassen sich schöne Hecken, auch als Sicht- und Windschutz, gestalten.

Genuss und Wohlbefinden im Naturgarten

Die Jahreszeiten lassen sich in der Natur und im naturnahen Garten am besten erleben. Der Blick aus dem Fenster auf einen blühenden oder fruchtenden Obstbaum führt uns den Reichtum der Natur vor Augen. Frische, reife Früchte sind ein Genuss für alle unsere Sinne: der Duft, die Farbe, die Struktur und vor allem der Geschmack. Der Geschmack einer reifen, sonnenwarmen Erdbeere oder einer Marille frisch vom Baum ist mit einer gekauften Frucht nicht zu vergleichen. Vor allem für Kinder ist das Naschen frischer, wohlschmeckender Früchte aus dem Garten die Voraussetzung für eine gute Hinführung an den gesunden Genuss. Aber auch für Jugendliche und Erwachsene bedeutet ein kurzer Rundgang durch den Garten eine Steigerung des Wohlbefindens, wir atmen die Frische ein, entdecken, was blüht oder reift, und können einfach im Vorübergehen naschen.

Naschen im Jahresverlauf

Das Erwachen der Natur kann im Naturgarten besonders gut beobachtet werden. Die Blüte der Obstbäume war schon in früheren Zeiten (und ist auch heute noch) ein willkommener Anlass, Feste zu feiern. Die gelben Blüten der Kornelkirsche *(Cornus mas)* verkünden gemeinsam mit der

Ein klassischer Bauerngarten bietet ganzjährig Möglichkeiten zum Naschen und Genießen.

Haselblüte den Vorfrühling. Die ersten reifen Frühkirschen und frühe Erdbeeren aus dem eigenen Garten ab Mai sind vor allem für Kinder ein lang herbeigesehntes Ereignis, das die Freude auf die vielfältigen, gesunden Naschereien weckt. Bald darauf können die ersten Johannisbeeren geerntet werden, und die ersten Himbeeren folgen. In den Sommerferien versorgt uns der Garten durchgehend mit frischen Früchten wie Marillen, Pfirsichen, und den ersten Sommeräpfeln und Birnen, bis zu den köstlichen Brombeeren, Himbeeren und Heidelbeeren. Im Herbst ist natürlich der Höhepunkt der Obsternte mit Apfel, Birne, Zwetschke und Quitte sowie saftigen Weintrauben.

TIPP **Mit der richtigen Sortenwahl, robusten Sorten mit geschmacklich hervorragenden Früchten, wobei frühtragende durch spättragende Sorten ergänzt werden, ist gesundes Naschen (fast) das ganze Jahr über möglich.**

Werden verschiedene Sorten und Wildsträucher angepflanzt, kann man die Saison der Beerenfrüchte geschickt verlängern. Herbsthimbeeren und späte Brombeeren reifen bis Oktober, die Kornelkirschen erntet man im September, die Schlehen und Hagebutten erst nach dem ersten Frost. Auch die Früchte der Mispel schmecken spät im Jahr/Herbst geerntet besser, die Kiwis schaffen es in unserem Klima kaum vor November zu reifen, selbst dann sind viele noch hart und werden erst während der Lagerung in den folgenden Wochen reif. Mit Winterbirnen und Lageräpfeln ist eine Versorgung mit Vitaminen aus dem Garten auch während der kalten Jahreszeit gut möglich.

Die Fülle an Obstarten, die unabhängig von der Saison das ganze Jahr über in den Geschäften angeboten werden, lässt uns jedes Gespür für den saisonalen Ernterhythmus verlernen. Wenn immer alles verfügbar ist, leidet unsere Lebens- und Essenslust, da es nichts Besonderes mehr gibt, da man sich zu keiner Jahreszeit mehr auf

„Von meinem eigenen Apfelbaum"

etwas Besonderes freuen kann. Die Vorfreude auf bestimmte Früchte sollte uns erhalten bleiben! Kinder können sich auf die ersten frischen Erdbeeren oder Kirschen aus dem Garten freuen und genießen ein besonderes Geschmackserlebnis.

TIPP **Kosten Sie sich bei den angebotenen Beerentagen durch die Vielfalt und entdecken Sie die erstaunlichsten Sorten!**

Viele Obstarten wie Äpfel, Marillen, Zwetschken und verschiedenste Beeren lassen sich in getrocknetem oder gedörrtem Zustand sehr lange aufbewahren und sind zugleich vitaminreiche,

Bäume mit Geschichte

Schon im Mittelalter durften Obstbäume als Hausbäume und an/in der Nähe von wichtigen Gebäuden wie Klöstern und Kirchen nicht fehlen. Ein schöner Obstbaum ist ein markantes Merkmal und ein Blickfang sowohl in der Landschaft als auch im Garten.

leichte Kost für zwischendurch! Der richtigen Lagerung von frischem Obst kommt eine große Bedeutung zu. Obst und Gemüse sollten beispielsweise immer getrennt gelagert werden.

Die Auswahl an Obstsorten, die im Handel zu kaufen sind, ist meist nur sehr eingeschränkt. Die Vielfalt an Zwetschken, Mirabellen, aber auch Apfel- und Birnensorten ist oft nur mehr in ländlichen Regionen zu finden, dort wo alte Sorten bewahrt und vermehrt werden. Dank einiger Vereine und landwirdschaftlicher Versuchsanstalten, die sich seit Jahren auch der Erforschung der Vorzüge alter Sorten widmen, ist es wieder möglich, aus einer großen Vielfalt die eigene Lieblingssorte zu wählen und diese anzupflanzen. Auch verschiedenste Beerenfrüchte sind im Garten den ganzen Sommer über frisch zur Verfügung, weiße Johannisbeeren, gelbe Himbeeren und Kornelkirschen sind im Handel nicht überall zu bekommen, aber im Garten leicht zu ziehen. Bei uns weniger verbreitete Obstsorten wie Kiwis oder Feigen reifen zumindest in Weinbaugebieten gut und sind seltener im Geschäft zu finden.

Ökologie: Der Wert eines Obstbaumes

Sowohl in der Landwirtschaft als auch in den Gärten hat in den letzten Jahrzehnten eine Verarmung der Arten stattgefunden. Viele Streuobstwiesen, zahlreiche Obstbäume sind aus der Kulturlandschaft und aus den Gärten verschwunden. Der Wert der Sortenvielfalt wird erst in jüngerer Zeit wieder erkannt und die Bemühungen, diese zu erhalten, erhalten größere Anerkennung. Der Erhaltung der genetischen Vielfalt und natürlichen Widerstandsfähigkeit alter Sorten kommt immer mehr Bedeutung zu und einige Vereine widmen sich bereits der Sortenerhaltung und ihrer Weiterverbreitung (siehe Anhang).

Regionalität ❁ Aus Umwelt- und Gesundheitsgründen ist dem Apfel aus dem Garten oder aus regionaler Produktion der Vorzug gegenüber einem, der einem entfernten Land importiert wird, zu geben. Der weite Transportweg und der Vitaminverlust rechtfertigen leider in keiner Weise den teuren Preis. Durch bewussten Einkauf oder Eigenanbau wird ein aktiver Beitrag zu Umwelt- und Naturschutz geleistet.

Artenvielfalt ❁ Ein Obstbaum bietet zahlreichen Tieren Wohnraum. Alte, besonders die hochstämmigen Obstbäume bieten eine Vielzahl von Brutmöglichkeiten für Höhlen- und Halbhöhlenbrüter sowie für Nischen- und Freibrüter in geschützten Astgabeln. Für viele Vogelarten bieten Obstbäume gute Ansitzwarten, einige brauchen alte Rinde und Totholzteile. Für zahlreiche Insekten und Säugetiere ist das Nahrungsangebot im Baum, im Blattwerk, in der Rinde und vor allem auch die Früchte als Nahrung wichtig.

Vogelarten, die bevorzugt auf Obstbäumen (vor allem alten Hochstämmen) vorkommen, sind Dorngrasmücke, Gartenrotschwanz, Grün- und Kleinspecht, Neuntöter, Würger, Steinkauz, Wendehals und Wiedehopf. Unter den Säugetieren seien Fledermaus, Gartenschläfer, Haselmaus und Siebenschläfer sowie der Igel, der Obst als Zusatznahrung schätzt, genannt.

Die Bestäubung durch Bienen und Hummeln ist vom ökologischen und ökonomischen Standpunkt aus betrachtet von großer Bedeutung. Einerseits ist die Obstblütentracht ein wichtiger Faktor für die Imkerei, andererseits ist der Mensch

Auch unsere Singvögel freuen sich im Winter über Obst als Nahrungsquelle.

natürlich auch an großen Vorkommen von Honig- und Wildbienen zur Blütezeit interessiert, damit überhaupt Befruchtung und dadurch Fruchtansatz stattfinden kann. Bei Schlechtwettereinbrüchen zur Blütezeit (Kälte, Regen) kann es zu vermindertem Bienenflug kommen und daher zu beträchtlichen Ernteausfällen (vor allem bei den Marillen). Allerdings können Wildbienen und Hummeln schon bei niedrigeren Temperaturen fliegen und sind daher für die zeitige Bestäubung äußerst wichtig.

OBSTWIESE ❁ Wer einen großen Garten zur Verfügung hat, kann mit der Anlage einer Obstwiese einen wichtigen Beitrag zu Umwelt- und Naturschutz leisten und daraus zusätzlich vielfältigen Nutzen ziehen. Es ist üblich, unter den Obstbäumen eine artenreiche Wiesenmischung anzubauen, die nur zwei- bis dreimal im Jahr gemäht wird. Es sind aber auch andere Unternutzungen wie Ackerbau oder Weinbau möglich.

Marmeladen und Kompotte erinnern auch in der kalten Jahreszeit an die reiche Ernte des Sommers.

Durch geschickte Sortenwahl und richtige Lagerung ist Obst das ganze Jahr über verfügbar. Fällt einmal viel Obst zum gleichen Zeitpunkt an, kann es als Trockenobst im Backrohr oder Dörrapparat relativ einfach lange haltbar gemacht werden.

Gewinn für die Geldbörse

Das Obst aus dem eigenen Naturgarten ist frei von allen Spritzmittelrückständen und organisch gedüngt. Vor allem beim Beerenobst, das leicht zu ziehen und zu erhalten ist, kann man Geld sparen. Erdbeeren, Himbeeren und Johannisbeeren sind rasch geerntet, schmecken frisch am besten, sind aber auch leicht einzufrieren oder in Kuchen, Kompotten und Marmeladen zu verarbeiten.

Nach Erhebungen der Statistik Austria (Angaben für das Jahr 2006/07) essen die Österreicher pro Kopf jährlich durchschnittlich 95 kg Obst, wobei Äpfel mit ca. 28 kg an der Spitze liegen. Der Obstverbrauch stieg in den letzten Jahren deutlich an, woraus man schließt, dass sich die Österreicher ernährungsbewusster verhalten.

Die Ersparnis beim Eigenanbau ist sehr schwierig zu berechnen. Geht man davon aus, dass die Arbeit im eigenen Naturgarten Spaß macht und gesund ist, kann man sich schon viel Geld sparen, wenn man die geerntete Menge als biologisches Obst kaufen müsste.

Kreative Geschenke aus dem Garten

Auch vielfältige Dekorationsideen und wunderschöne Geschenke lassen sich aus dem eigenen Garten hervorzaubern und kosten nicht viel Geld. Das Mitbringsel aus dem Garten ist ein sehr persönliches Geschenk, sei es der Zweig eines blühenden Obstbaumes oder Sträuße aus Blüten von Wildobststräuchern. Im Winter freuen sich Freunde und Bekannte über selbst hergestellte Teemischungen aus den Blättern verschiedener Beerensträucher, Kompotte, Marmeladen, Liköre und Schnäpse sowie Kirschkernkissen, Ketten aus Beeren, frische Früchte oder Beerenraritäten.

TIPP **Geschenke aus dem eigenen Garten sind sehr persönlich und einzigartig, gesund und umweltbewusst schonen die eigene Geldbörse.**

Was brauchen wir, was wollen wir ernten

Er liebt Zwetschken, sie kann sich an den leuchtend orangen Marillen nicht sattsehen und essen, die Kinder naschen am liebsten vom Erdbeerbeet oder den Himbeersträuchern. Jeder hat seine eigenen Vorlieben und Kindheitserinnerungen! Werden noch die vorhandene Gartengröße, das Klima und der Boden beachtet, findet man sicher die richtige Obstart und Obstsorte für den naturnahen Hausgarten. Regionale Obstbaumschulen helfen bei der Auswahl robuster, standortgerechter Sorten.

Platzbedarf

Die Größe des Gartens spielt bei der Pflanzenwahl eine große Rolle. Erdbeeren, Him- und Brombeeren gedeihen als Beetbegrenzung und entlang der Zäune und Grundstücksgrenzen. Für die kleinen Beerensträucher wie Johannis- und Stachelbeere sowie die anspruchslosen Apfel- und Maibeeren findet sich auch immer ein Plätzchen. Fensterlose Mauern oder auch die Mauern zwischen zwei Fenstern können mit Spalierobst, Wein oder Kiwi bepflanzt werden. Sie verleihen dem Haus einen speziellen Charakter und stellen zusätzliche Ernteflächen dar. Von den Baumkulturen sind Sauerkirsche und Pfirsich von Natur aus kleinwüchsig, beim veredelten Obstbaum hat die Unterlage, auf die veredelt wird, einen großen Einfluss auf die Wuchsgröße und -höhe. Daher ist es sinnvoll, nru in regionalen Fachbaumschulen zu kaufen und sich dort beraten zu lassen.

Baumformen

In einem kleinen Garten finden meist nur Halbstämme, Spindelbäume oder Spalierobst Platz. Jedoch ist zu beachten, dass die Ansprüche der Pflanzen an den Boden sowie an die fachgerechte Pflege umso größer sind, je schwächer der Wuchs ist. Bei einem Hochstamm beginnt die Verzweigung der untersten Äste bei einer Stammhöhe von mindestens 180 cm, beim Halbstamm in

Baumformen, die sich gut für Gärten mit wenig Platz eignen.

Buschbaum

Spindelbusch

Spindel

Säule

Solch ein Apfel-Spindelbaum hat auch auf Balkon oder Terasse Platz.

Der Halbstamm ist eine der beliebtesten Apfelbaumformen.

80 bis 180 cm Höhe, ein Spindelbusch hat sehr tief angesetzte ((am Stamm angesetzte)) Verzweigungen. Während Hochstämme generell einen Pflanzabstand von ungefähr 8 bis 10 m brauchen, kommen Halbstämme meist mit 5 bis 8 m aus (genaue Angaben variieren sehr, je nach Unterlage und Sorte). Bei Spindelbüschen sollte man einen Abstand von 2 bis 3 m einhalten. Selbst beim Beerenobst sind bei Johannis- und Stachelbeeren noch 1,5 bis 2 m Abstand einzuhalten.nur Himbeeren kann man 0,50 m nebeneinander pflanzen.

Halbstamm

freie Spalierform

Fächerspalier

Die Natur gibt vor

Um gesunde Bäume oder Sträucher mit reicher Ernte zu erhalten, sind die vorhandenen Standortbedingungen zu beachten. Je nach Klima- und Bodenverhältnissen sind nicht alle Obstarten überall gleich gut zu kultivieren.

Boden

Der Boden kann zwar mit reichlich organischem Material verbessert werden, das Klima muss jedoch unbedingt berücksichtigt werden. Ungünstigen Bodenverhältnissen kann auch mit der richtigen Wahl der Unterlage für Obstbäume entsprochen werden (manche Unterlagen bevorzugen sandigen, andere kommen auch mit feuchtkühlem Boden zurecht). Schotterige, sandige Böden eignen sich generell eher für Kirsche, Marille, Birne, Kornelkirsche und Felsenbirne. Auf schweren, lehmigen Böden gedeihen vor allem Apfel, Haselnuss und Zwetschke. Bodenverdichtungen zum Beispiel nach dem Hausbau sollten auf jeden Fall durch tiefgründiges Lockern beseitigt werden, damit die Fläche gut durchwurzelt werden kann.

Der Kalkgehalt und Säuregrad des Bodens spielen ebenfalls eine gewisse Rolle. Nahezu alle Obstbäume gedeihen in schwach sauren Böden gut. Auf hohe Kalkwerte reagieren vor allem Birne, Pfirsich, Edelkastanie, Wein und Kiwi mit Kalkchlorose, das heißt, die Blätter werden gelb. Besonders sauren Boden benötigen Heidelbeere und Preiselbeere, die am besten in mit Sand gemischten Rindenkompost gepflanzt werden. Durch wiederholtes Mulchen mit sauren Materialien wie Nadelstreu, Eichen- oder Nusslaub sowie Kaffeesud kann man eine gewisse Versauerung des Bodens erreichen, wobei auch die Bodenlockerung eine wichtige Rolle spielt. Beim Einkauf der Blumenerde für Balkonkisten und Tröge sollte man unbedingt darauf achten, nur torffreie Erde oder Torfersatzprodukte zu kaufen, da bei der Torfgewinnung Moore zerstört werden und diese Lebensräume sehr selten geworden sind. Die Regeneration von Mooren dauert, wenn sie überhaupt möglich ist, viele Hunderte von Jahren. Dem Kalkgehalt im Gießwasser sollte auch Aufmerksamkeit geschenkt werden, so sollten z. B. Heidelbeeren nur mit weichem Regenwasser gegossen werden. Natürlich kommt auch hier der Pflanzenauswahl und der Veredelungsunterlage besondere Bedeutung zu.

Temperatur

Die Lage des Standortes innerhalb des Gartens (Kleinklima, geschützte Standorte) spielt eine wesentliche Rolle. So können auch außerhalb der Weinbauzone Marille und Pfirsich an geschützten Hausmauern gezogen werden. Schäden durch große Temperaturschwankungen im Winter kann man zumindest teilweise durch weißen Stammanstrich (Kalkanstrich mit Lehm) im Herbst vermeiden. Spätfröste im Frühjahr, die die Blüten gefährden, können durch Pflanzung von spätblühenden Sorten und durch Pflanzung nur außerhalb von Muldenlagen (Kaltluftseen) vermieden werden. In Gärten am Hang sollten daher spätfrostgefährdete Arten im oberen Hangbereich gepflanzt werden, in Muldenlagen eher Hochstämme, deren Krone aus dem Kaltluftsee herausragen. Auch kann durch Pflanzung z. B. eines Marillenbaumes an einer weniger besonnten Seite des Hauses sein/dessen Blütezeitpunkt verzögert und damit auch die Spätfrostgefährdung verringert werden. Durch Pflanzung einer dichten Hecke am obersten Hang können kalte Luft und Wind abgehalten werden. Die im Intensivobstbau praktizierte Frostberegnung kann in Ausnahmefällen auch im Hausgarten sinnvoll sein. Wenn zur Zeit der ersten Blüte sternenklare Strahlungsnächte mit niedigen Abendtemperaturen prognostiziert werden, kann der Obstbaum mit einem Gartenschlauch mit feiner Düse übersprüht werden. Andere Methoden wie das Einwickeln der Baumkronen sind nicht sinnvoll. Keinesfalls sollten die Obstbäume in Plastiksäcken verpackt werden.

Feuchtigkeit und Wind

In luftfeuchten Gebieten ist die Gefahr von Pilzkrankheiten besonders groß. Hier sind windausgesetzte Standorte mitunter ein Vorteil, da der Wind ein rasches Abtrocknen der Blätter und Früchte fördert. Allerdings kommt es in windreichen Gegenden oft zu Windbruch und Scherstellen an Obstbäumen, bzw. in trockeneren Gebieten zu starker Austrocknung. Auch vermindert kaltes, windiges Wetter zur Blütezeit den Fruchtansatz. Da helfen nur möglichst geschützte Lagen und spät- oder zu unterschiedlichen Zeitpunkten blühende Sorten.

Trockenheit ertragen am ehesten Kirsche, Marille, Birne und Mandel; auf feuchteren Böden gedeihen Apfel und Zwetschke noch gut.

Sonnenanbeter

Generell lieben alle Obstbäume die Sonne. Um die richtige Fruchtreife zu erlangen, braucht jede Obstart zumindest für einige Stunden pro Tag im Sommer Sonne. Lediglich die Sauerkirsche, einige Beerensträucher wie Stachelbeere, Josta- und Johannisbeere (zumindest in warm-trockenen Gebieten, in kühleren Gebieten bleiben sie mit wenig Sonne sehr sauer) sowie Kornelkirsche und Haselnuss gedeihen auch im Halbschatten noch gut.

DIE ROBUSTEN Für winterkalte, feuchtere Lagen kommen vor allem Apfel, Birne, Kirsche, Johannisbeere sowie einige Wildobstarten infrage.

DIE WÄRMELIEBHABER
Im Weinbauklima gedeihen zudem Marille, Aprikose, Pfirsich, Quitte, Walnuss, Feigen und Edelkastanie sowie Tafeltraube, Kiwi und Wildobst wie z. B. die Kornelkirsche.

Manche alte Apfelsorten sind besonders robust und gesund.

Unsere Ernteliste

Bei der Planung eines Nutzgartens ist die Aufstellung einer individuellen Ernteliste unumgänglich. Also werden für jedes Familienmitglied das Lieblingsobst und der jeweilige Verbrauch grob ermittelt.

Obstverbrauch Allgemein wurde für Österreich für das Jahr 2006/07 ein durchschnittlicher Pro-Kopf-Verbrauch von ca. 95 kg Obst errechnet (Statistik Austria), wovon fast 30 kg durch importierte Bananen, Zitrusfrüchte und andere exotische Fruchtarten abgedeckt werden, deren Anbau im Garten nicht möglich ist. Immerhin bleiben es ca. 65 kg Obst, das man auch im Hausgarten anbauen könnte.

Wichtig ist nicht nur die Obstart, sondern auch die Sorte, die bevorzugt wird. Vor allem bei Äpfeln, bei denen es eine große Auswahl gibt, sollte man sich über die gewünschte Geschmacksrichtung klar sein. Dies ist auch die beliebteste Obstart. Da ein Apfelbaum alleine nicht gut fruchtet, ist meist ein zweiter (und somit eine zweite Geschmacksrichtung) nötig und möglich.

Die Österreicher essen durchschnittlich 28,6 kg Äpfel, 7,6 kg Birnen, 4,8 kg Pfirsiche und Nektarinen, 5,7 kg Zwetschken, 3,5 kg Marillen, 3,7 kg Kirschen und Weichseln, 3,6 kg Trauben, 3,6 kg Erdbeeren und 4 kg anderes Beerenobst in einem Jahr. Der Apfel ist auch in Deutschland die beliebteste Obstsorte, gefolgt von Birne, Zwetschke und Beerenobst.

Obstarten werden nach ihrer Frucht in Stein-, Kern- und Beerenobst sowie Schalen- oder Nussobst unterteilt. Zum Steinobst zählen Früchte, die in ihrem Fruchtfleisch einen harten Steinkern, den Samen, enthalten: Kirsche, Marille, Pflaumenartige, Pfirsiche und Nektarinen. Zu den Kernobstfrüchten, die ein Gehäuse mit kleinen Samenkernen enthalten, zählen Apfel, Birne und Quitte. Als Beeren bezeichnet man Früchte mit vielen Samen, die in ein weiches Fruchtfleisch eingebettet sind. Zu den Beerensträuchern gehören Himbeeren, Brombeeren, Johannisbeeren, Stachelbeeren und Kreuzungen und Neuzüchtungen derselben. Erdbeeren sind botanisch korrekt mehrjährige Stauden. Zum Schalenobst zählen Haselnuss, Mandel, Walnuss und Edelkastanie.

Ist der Apfel Ihr Lieblingsobst?

SÜSSE VERLOCKUNGEN Wer Süßes liebt, wird einen Kirschbaum, Pfirsich, Nektarine sowie Erdbeeren und Himbeeren – die süßen Weintrauben nicht zu vergessen! – pflanzen. Vor allem Kinder lieben es, Obst im eigenen Garten zu pflücken.

SAURES – HERBES Obstarten mit höherem Säuregehalt und reichlich Gerbstoffen, die sehr gesund sind, sind vor allem Weichseln, Johannisbeeren, Apfelsorten mit höherem Säuregehalt und Kornelkirschen. Gerade diese Arten eignen sich auch hervorragend für die Verarbeitung zu Gelees, Säften und Marmeladen!

TIPP **Fünfmal am Tag sollten Sie Obst und Gemüse essen. Nur frisches, reifes Obst der Saison hat den höchsten Vitamin- und Mineralstoffgehalt, durch Transport und Lagerungen entstehen enorme Verluste!**

Herbst: Wein zeigt sich von seiner buntesten Seite.

DIE ERSTEN – DIE LETZTEN IM JAHR Die Frühjahrsmüdigkeit, die durch einen Vitamin-C-Mangel ausgelöst wird, bekämpft man mit dem ersten Wildgemüse und Obst aus dem Garten am besten! Die Ernte beginnt mit Frühkirschen, gefolgt von den ersten Erdbeeren. Diese Früchte helfen auch beim Abbau von eventuell angefuttertem „Winterspeck", da sie entwässernd wirken und wenige Kalorien enthalten. Im Sommer ist das Angebot sehr vielfältig und an allen Ecken darf genascht werden! Im Herbst ist der Höhepunkt der Ernte erreicht und wird überschritten, Äpfel und Birnen können noch eingelagert werden und übernehmen somit die Versorgung mit Obst über den Winter. Weintrauben und Kornelkirschen werden reif, Brombeeren und Herbsthimbeeren werden bis zu den ersten Frösten genascht. Kiwis kommen, falls sie noch nicht reif sind, in einen kühlen Keller. Im Winter werden die ganz späten Früchte mancher Wildobstsorten: Hagebutten, Mispel- und Schlehenfrüchte. Nüsse ergänzen den gesunden Speiseplan im Winter.

Beliebt bei Groß und Klein: Johannisbeeren

Freizeit – Gartenzeit

Gartenarbeit an der frischen Luft ist sehr gesund und befriedigend. Ein schönes Umfeld, in dem sich alle wohlfühlen, wird mit viel Kreativität geschaffen. Der Pflegeaufwand wird mit der Auswahl robuster, standortangepasster Sorten und einer geschickten Versorgung der Pflanzen (z. B. durch Mulchen!) minimiert. Gartenarbeit ist, wenn einige Regeln beachtet werden (z. B. beim Bücken und Heben), eine gesunde sportliche Betätigung mit hohem Erlebnis- und Erkenntniswert. Das Erleben der ständigen Veränderungen in der Natur und das Begreifen der Kreisläufe ist ein Erlebnis für Jung und Alt! Die schönste Zeit ist natürlich die Erntezeit, die Belohnung für die sorgsame Pflege!

Zeitaufwand

Da Obstgehölze als Dauerkultur eine Anlage für längere Zeit sein sollten, ist der Aufwand beim Pflanzen relativ groß und alles sollte gut überlegt und vorbereitet werden. Genaue Angaben für den nötigen Arbeitseinsatz im Obstgarten gibt es kaum, da es je nach Klimazone, Obstart und Wuchsform (und sich daraus ergebenden Schnittmaßnahmen) große Unterschiede gibt. Für 200 bis 300 m^2 Gartenland (davon ca. die Hälfte Obst, Gemüse und Beeren) wird ein maximaler Arbeitseinsatz von ca. zwei Stunden an Spitzentagen angegeben. Allgemein konzentriert sich der Arbeitseinsatz bei Beerensträuchern und Obstgehölzen vor allem auf das Frühjahr und den Herbst (ausgenommen die sommerliche Ernte). Im März/April werden Himbeeren, Brombeeren und Johannisbeeren mit Kompost gedüngt und mit einer Mulchschicht bedeckt. Im Sommer werden alte, zu dichte Triebe ausgelichtet, im Herbst nach der Ernte wird zurückgeschnitten. Verholzte Triebe, die älter als drei Jahre sind, werden meist bodeneben abgeschnitten. Weinreben werden vor allem vor dem Knospenschwellen (Februar) geschnitten, später würden sie „bluten" (Saftverlust).

Viele Obstbäume werden meist im Jänner/Februar (/März) geschnitten, wobei beim Erziehungs- und Erhaltungsschnitt alle steil wachsenden, zu dicht stehenden und nach innen wachsenden Seitentriebe am Mitteltrieb entfernt werden, abgetragene Fruchttriebe werden bis zu zweijährigen Seitentrieben mit Blütenknospe eingekürzt. Die Dauer des Schnittvorgangs bei einem Spindelbaum wird mit 15 bis 30 Minuten angegeben. Kirschbäume, Marille und Walnuss werden im Sommer geschnitten. Genauere Angaben siehe unter „Hegen und Pflegen".

Wie viel Zeit für die Pflege des Nutzgartens aufgewendet wird, hängt auch von der eigenen Einstellung ab. Geht man jedoch mit einer bestimmten Gelassenheit und einer Liebe zum Naturgarten, in dem auch einige Wildkräuter und Blattläuse in erträglichem Ausmaß vorkommen dürfen, ans Werk, kann man nicht nur Arbeitszeit sparen, sondern auch die Erkenntnis gewinnen, dass die Natur einiges durchaus zu unseren Gunsten selbst reguliert.

Selbstversorgung

Zur umfassenden Selbstversorgung einer Familie mit vier Personen werden Flächenwerte zwischen 300 und 680 m² im Garten angegeben (80 m² Gemüse für den Frischverzehr, 160 m² Lagergemüse und Kartoffeln, 400 m² für Beerensträucher und Obstbäume, 40 m² für Wege und Kompostflächen). Bereits mit 250 bis 300 m² Gartenfläche ist eine weitgehende Selbstversorgung möglich. Für eine teilweise Selbstversorgung einer vierköpfigen Familie sind bereits 100 m² ausreichend. Mit Beerensträuchern, Naschhecken mit Wildobst, Spalierobst an Hauswänden oder Grundstücksgrenzen, buschförmigen oder kleinkronigen Obstbäumen kommt man auch im kleinsten Garten zu großem Naschgenuss! Hochstämmchen können mit Erdbeeren unterpflanzt werden, auf Balkonen gedeihen z. B. Erdbeeren auch im Hängetopf. Säulen-Apfelbäume oder Hochstamm-Formen von Johannisbeeren in Trögen machen aus Terrassen ein grünes Zimmer zum Genießen.

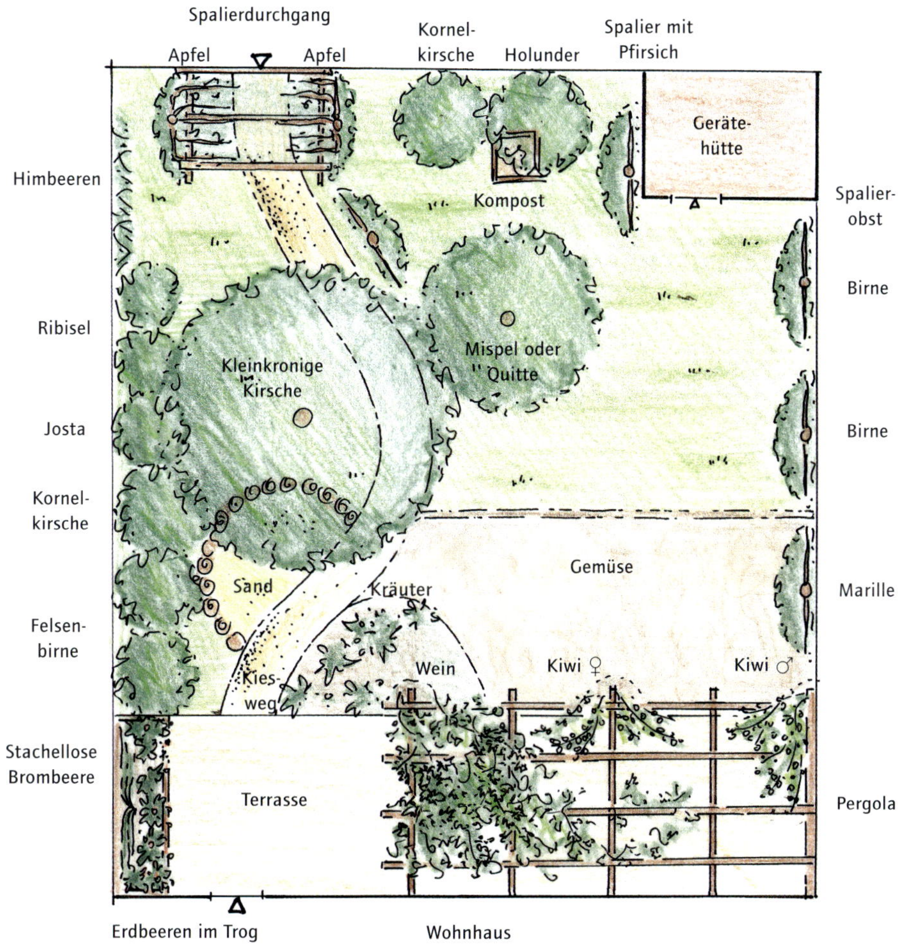

Gestaltungsvorschlag für einen südseitigen Reihenhausgarten mit möglichst optimierter Versorgung mit Frischobst und Gemüse; Nutzgarten mit hohem Zierwert.

Anpflanzung und Pflegemaßnahmen bei den wichtigsten Obstarten

Obst	Pflanzabstand/ Höhe	1. Ernte, Reifezeitpunkt, max. Lebensalter	Befruchtung	Boden- und Klimaansprüche
Stein- und Kernobst				
Apfel: Hochstamm, Halbstamm	8–10 m/je nach Sorte u. Schnitt: 3–10 m 6–8 m/4–6 m	4 bis 10 Jahre, sortenabhängig: Juli bis Dezember 80 bis 150 Jahre	Selbstunfruchtbar	Boden: eher feucht Klima: gut frosthart
Apfel: Halbstamm, Buschbaum	 6–8 m/3–5 m 2 m/2–3 m	2 bis 4 Jahre sortenabhängig: Juli bis November 20 bis 40 Jahre	Selbstunfruchtbar	siehe Hochstamm
Apfel: Spindelbusch Säulenbusch	 2–3 m/3 m 1,5–2,5 m/2–3 m	2–4 Jahre sortenabhängig: Juli bis November 10–15 Jahre	Selbstunfruchtbar	Gering, auch in kühleren Klimazonen/ klimatischen Gegenden
Birne: Hochstamm, Halbstamm	8–10 m, je nach Sorte u. Schnitt: 5–12 m	2–10 Jahre sortenabhängig: Juli bis November 80–150 Jahre	Selbstunfruchtbar	Boden: auch trocken; Klima: gut frostfest, aber hoher Wärmebedarf im Sommer anfällig für Spätfröste
Birne: Halbstamm, Buschbaum	 4–7 m 2–4 m	2–4 Jahre sortenabhängig: Juli bis November 20–40 Jahre	Selbstunfruchtbar	siehe Hochstamm
Birne: Spindelbusch Säulenbusch	 2–3 m 1,5–2 m, 1–4 m	2–4 Jahre sortenabhängig: Juli bis November 10–15 Jahre	Selbstunfruchtbar	
Kirsche: Hochstamm Halbstamm	 10 m 6–8 m	3–6 Jahre Mai bis August 40–80 Jahre	Selbstunfruchtbar	Boden: trocken, keine Staunässe, kalkverträglich
Marille Hochstamm Halbstamm Buschbaum	 6–7 m/6–8 m 4–5 m/4–6 m	3–8 Jahre Juli bis August 15–50 Jahre	Selbstfruchtbar	Boden auch trocken, geringe Niederschlagsmengen; kalkverträglich; Klima: sehr spätfrostgefährdet
Pfirsich, Nektarine	3–5 m/3–4 m	2–3 Jahre Juli bis August 15–40 Jahre	Meist selbstfruchtbar	Boden: eher feucht und offen; Klima: anfällig für Spätfröste
Quitte	3–4 m/2–3 m	2–3 Jahre Oktober	Meist selbstfruchtbar	Boden: geringe Ansprüche Klima: hoher Wärmebedarf
Weichsel	6–7 m/3–5 m	3–6 Jahre Juni 20–50 Jahre	Meist selbstunfruchtbar	Boden: geringe Ansprüche, auch saure Böden Klima: gut frosthart
Zwetschke, Pflaume, Ringlotte, Mirabelle, Kriecherl	je nach Sorte: 5–7 m/ 4–8 m	3–6 Jahre August bis September 30–80 Jahre	z. T. selbstfruchtbar	Boden: feucht, nährstoffreich; Klima: frosthart

Obst	Pflanzabstand/ Höhe	1. Ernte, Reifezeitpunkt max. Lebensalter	Befruchtung	Boden- und Klimaansprüche
Wild-, Beeren- und Schalenobst				
Kornelkirsche	3–4 m/2–4 m	2–6 Jahre August bis September 15–40 Jahre	selbst-fruchtbar	Boden: anspruchslos Klima: gut frosthart
Felsenbirne	1,5–3 m; /1,5–4 m, auch bis 10 m	2–3 Jahre Juli bis August	selbst-fruchtbar	Boden: trocken Klima: gut frosthart
Brombeere	Aufrecht 1 m/ 1,5–3 m Rankend 3 m	1 Jahr August bis Oktober	selbst-fruchtbar	Boden: geringe Ansprüche Klima: mäßig frosthart
Erdbeere	0,4 m	4 Monate Juni bis Juli	selbst-fruchtbar	Boden: nährstoffreich, lehmig, humusreich; Klima: gut frosthart
Kultur-Heidelbeere	1–1,5 m/1–1,5 m	1–2 Jahre Juni bis Juli	selbst-fruchtbar	Boden: stark humusreich, sehr sauer, locker, feucht Klima: sehr frosthart
Himbeere	0,5 m/1–1,5 m	6 Monate Juli bis Oktober	selbst-fruchtbar	Boden: humusreich, gleichmäßig feucht; Klima: sehr frosthart
Kiwi	3 m/3–10 m	3–5 Jahre Oktober bis	zweihäusig	Boden: kalkarm, nährstoffreich, feucht; Klima: gering frosthart
Schwarze Maulbeere Weiße Maulbeere	4–6 m/8–10 m	5–7 Jahre Juli bis September	selbst-fruchtbar	Boden: feucht, nährstoffreich; Klima: mäßig frosthart
Johannisbeere/ Ribisel, Stachelbeere	1,5–2,5 m/ 1–1,5 m	1–2 Jahre Juni bis Juli	selbst-fruchtbar	Boden: humusreich, leicht sauer, gleichmäßig feucht Klima: sehr frosthart
Weintraube	2–4 m/2–3 m	2 Jahre September	selbst-fruchtbar	Boden: geringe Ansprüche, Nässe meiden; Klima: mäßig bis gering frosthart
Haselnuss	3–4 m/2–4 m	3–5 Jahre September 10–40 Jahre	selbstun-fruchtbar	Boden: geringe Ansprüche, mäßig feucht; Klima: sehr frosthart
Mandel	5–7 m/3–6 m	3–4 Jahre Oktober bis Dezember 30–80 Jahre	selbstun-fruchtbar	Boden: auch auf sehr trockenen Böden; Klima: spätfrostgefährdet
Edelkastanie/ Essbare Kastanie/ Maroni	12–15 m/8–15 m	5–15 Jahre Oktober 50–150 Jahre	selbstun-fruchtbar	Boden: schwach sauer; Weinbauklima, mäßig frosthart
Walnuss	10–12 m 5–20 m	5–10 Jahre September bis Oktober bis 100 Jahre	selbst-fruchtbar	Boden: Staunässe meiden Klima: spätfrostgefährdet

Vom Naschkisterl zur Obstbaumwiese

Ernten und genießen auf dem kleinsten Balkon und im großen Obstgarten – auf jeder Fläche ist gute Planung und entsprechende Pflanzenwahl die Grundvoraussetzung. Köstliche Naschkisterl verlocken mit Beeren, die sowohl frisch verkostet als auch als köstliche Kuchenzutat schmecken oder raffiniert weiterverarbeitet werden können. Die Obstmengen, die in einem großen Nutzgarten anfallen, enthalten viele Vitamine, die auch über den Winter in Form von Marmeladen, Kompotten oder Dörrobst zur Verfügung stehen.

Naschen auf Balkon und Terrasse

Das Naschkisterl

Selbst in einem Blumenkisterl oder einem Trog am Balkon kann Beerenobst gezogen werden. Hängende Ananaserdbeeren oder immertragende Monatserdbeeren, die auch im Halbschatten noch reichlich blühen und fruchten, erfreuen nicht nur Kinder. Auch immertragende Erdbeersorten wie 'Mara de Bois' oder 'Ostara' haben sich sehr bewährt.

Auf sonnigen Südbalkonen können auch Weintrauben im Pflanzkübel (mind. 15 bis 20 l Erde) gezogen werden; für ausreichende Bewässerung muss gesorgt werden.

Wichtig ist die Wahl von ausreichend großen Pflanzgefäßen. Balkonkästen sollten mindestens 20 cm breit (für Erdbeeren, für Beerensträucher: mind. 50 cm breit) und ebenso tief sein, um nicht zu rasch auszutrocknen. Die torffreie Erde sollte mit reifem Kompost oder organischem Langzeitdünger (z. B. Hornspäne) versetzt sein.

TIPP **Am besten sind Gefäße aus Kunststoff (PVC-frei, am besten Recyclingkunststoff), da die Erde darin nicht so rasch austrocknet und das Gewicht wesentlich geringer ist als das von Ton- oder Steintöpfen. Sie halten mitunter länger als Holztröge.**

MONATSERDBEEREN *(Fragaria vesca var. semperflorens)* stammen von unserer heimischen Walderdbeere *(Fragaria vesca)* ab. Die sehr robusten Pflanzen fruchten von Juni bis September. Gepflanzt werden sie ab April/Mai, wegen Austrocknungsgefahr möglichst am Morgen oder Abend. Nicht zu knapp und nicht zu tief: Die Herzknospe soll knapp über der Erde stehen. Danach reichlich angießen. Die meisten Sorten bilden keine Ausläufer und werden über Samen vermehrt. Da sie schwächer wachsen als Ananaserdbeeren, können sie enger gesetzt werden, im Pflanzabstand von 20 cm. Die kleinen, hocharomatischen Früchte sind besonders zum frischen Naschen, für Fruchtspeisen, Bowlen und zur Dekoration geeignet. Aus den Blättern wird ein guter Tee zubereitet und die frischen Blätter schmecken auch Haustieren, wie z. B. Kaninchen und Meerschweinchen sehr gut.

HÄNGEERDBEEREN können als Ampelpflanzen Balkon und Terrasse zieren. Wer es rustikal liebt, kann auch ein Erdbeerfass herstellen. Dazu werden in ein altes Fass im Abstand von ca. 35 cm jeweils 8 cm große Löcher gebohrt, in die später die Erdbeerpflänzchen gesetzt werden. Der Boden sollte unbedingt auch kleine Löcher haben. Die unterste Schicht besteht aus Kies (als Dränage), ebenso wird ein Rohr aus Gitterdraht, das in der Mitte des Fasses steht, mit Schotter/Kies befüllt. Nun wird mit torffreier Blumenerde die erste Schicht bis zu den ersten

Kirschen erfrischen als Frucht-Eiswürfel

TIPP **Beeren in Eiswürfeln einfrieren: Ein effektvoller optischer Aufputz und eine spezielle Geschmacksnote für jedes Sommergetränk: Beeren oder Kirschen einfach in die Eiswürfelschale legen, mit Wasser übergießen und im Tiefkühlfach einfrieren.**

Erdbeeren sind gesund

Reife Erdbeeren enthalten fast doppelt so viel Vitamin C wie Zitronen! Eine gute Vitamin-C-Versorgung unterstützt die Wundheilung und schützt die Zellen vor schädlichen Radikalen. In Erdbeeren ist auch viel Mangan und Kalium enthalten, das Knochen, Blut, Nerven, Gehirn, Haut und Haare gesund hält. Auch die enthaltenen Polyphenole sind bioaktive Substanzen, die Thrombosen und Herz-Kreislauf-Erkrankungen vorbeugen.
Die besten Sorten sind 'Alexandria', 'Falstaff' und 'Rügen'. Übrigens - es gibt auch gelbfruchtige Erdbeer-Sorten. Wäre das nicht eine optische Bereicherung?

Löchern befüllt. Die Erdbeeren werden bis zu den Herzblättern eingesetzt, mit Erde befüllt und bewässert, und so weiter. Obenauf kommen auch einige Erdbeerpflanzen. Näheres zu Ananaserdbeeren siehe auch im Kapitel Hochbeet.

Vanilleeis mit Walderdbeeren

Zutaten:

- 400 g Vanilleeis
- 200 g Schlagobers
- 1 EL fein gehackte Zitronenmelisse
- 300 g Walderdbeeren
- 1 EL Honig
- 50 ml roter Traubensaft
- etwas Naturvanille, Zimt

Zubereitung: Das Eis auf vier Dessertschalen verteilen. Das Schlagobers schlagen und mit der Zitronenmelisse mischen. Walderdbeeren mit Honig und Traubensaft vermengen, ganz kurz erhitzen, mit Vanille und Zimt abschmecken. Noch warme Früchte auf dem Eis verteilen und mit Schlagobers garnieren.

Der Beerentopf – bitte zugreifen!

Ein Früchteparadies auf Balkon und Terrasse kann man mit verschiedenem Beerenobst wie Johannisbeeren, Stachelbeeren und auch Heidelbeeren schaffen.

Schwarze Johannisbeere *(Ribes nigrum)*, Rote Johannisbeere, Ribisel *(Ribes rubrum)*

Johannisbeeren (Ribisel) können auch auf stammbildende Unterlagen (meist Goldjohannisbeere *Ribes aureum)* als Halb- oder Hochstamm veredelt und mit Monats- oder Hängeerdbeeren kombiniert gepflanzt werden. Diese Hochstämmchen brauchen aber einen Stützpfahl, sachgerechten Schnitt (je sechs Leitäste belassen, deren Verlängerungstriebe jährlich auf drei bis fünf Augen einkürzen) und mindestens einmal pro Jahr eine Gabe reifen Kompost oder Hornspäne, am besten kombiniert mit

Rindenhumus oder Holzhäcksel als Mulchauflage und ausreichend Wasser. Da Johannisbeeren sehr früh blühen, sollten sie an einem frostgeschützten Standort stehen, sie vertragen aber auch leichten Schatten, da sie Hitze nicht gut aushalten.

STANDORT UND PFLEGE Im Schatten und auf Nordbalkonen gedeihen neben Johannisbeeren am ehesten Stachelbeeren *(Ribes uva-crispa)*, die ebenfalls oft als Hochstämme angeboten werden. Sie werden wie die Johannisbeer-Hochstämme behandelt. Allen gemeinsam ist eine rasche „Vergreisung", das heißt, sie tragen nur ca. zehn Jahre Früchte, da sie nicht regelmäßig von unten (neue Basistriebe) verjüngt werden können. Gewöhnliche (kein Hochstamm) Johannisbeeren sind robuster und leichter zu schneiden (man entfernt im Herbst nur ältere, kranke, abgetragene Triebe bodennah; auf ein ausgewogenes Verhältnis zwischen alten und jungen Bodentrieben soll geachtet werden).

FÜR GENIESSER Weiße Johannisbeersorten tragen zwar meist weniger üppig, schmecken aber süßer als rote Sorten. Die meisten roten Johannisbeersorten werden von Kindern am liebsten mit etwas Zucker und Joghurt gelöffelt. Die süß-säuerliche rote Johannisbeermarmelade zählt wohl zu den besten Marmeladen, vor allem für Kuchen und (Weihnachts-)Kekse! Die Beeren der Schwarzen Johannisbeere werden aufgrund ihres herben Geschmacks vor allem in Form von Saft, Sirup, Gelee oder Kuchenbelag verwendet.

Seltenere, doch wohlschmeckende Beerenvertreter: Weiße Johannisbeeren

TIPP **Johannisbeeren wirken blutreinigend, der Vitamin-C-Gehalt ist je nach Sorte drei- bis fünffach höher als der von Zitronen: Die Schwarze Johannisbeere gilt aufgrund ihrer Herz- und Kreislauf stärkenden Inhaltsstoffe als besonders heilkräftig.**

ALTERNATIVEN ZUR JOHANNISBEERE Stachellose Brombeeren oder zweimal tragende Himbeeren sind in größeren Töpfen auf sonnigen Standorten reich fruchtend, sie brauchen allerdings eine Stütze. Dazu werden zwischen zwei Stäben Drähte verspannt, an denen die Ruten angebunden werden.

Besonders geeignete Johannisbeersorten

- **'Blanka/Bianca':** weißgelbe, große, wohlschmeckende, süße Beeren, starkwüchsig, robust, lange Ernteperiode
- **'Jonkheer van Tets':** dunkelrote, lange Trauben mit großen, aromatischen Beeren, früh reif
- **'Rovada':** leuchtend rote, sehr große Beeren an langen Trauben, sehr robust, mittelspäte Reife, Mitte bis Ende Juli
- **'Ometa':** schwarze, aromatische Beeren, robust
- **'Titania':** schwarze, feste, sehr große Beeren, selbstfruchtend, sehr robust
- **'Primus':** weißgelb, kleine wohlschmeckende Beeren

Heidelbeeren, Blaubeeren

(Vaccinium myrtillus, Vaccinium × intermedium)

Kultur Wer Heidelbeeren liebt, kann diese gut in Trögen oder Töpfen ziehen, da sie besondere Ansprüche an den Boden stellen. Da sie Waldpflanzen sind, brauchen sie einen lockeren, stark sauren Boden ohne Staunässe, der aber auch nicht austrocknen darf. Als Torfersatz (Moorzerstörung!) eignen sich Rindenhumus (nicht Rindenmulch oder frische Rindenhäcksel, da diese bei der Verrottung den benötigten Stickstoff verbrauchen!), Laubkompost und mit viel vorverrottetem Nadelstreu versetzte Komposterde. Auch beim Gießen muss bedacht werden, dass das Leitungswasser meist zu kalkhaltig ist und daher nur Regenwasser verwendet werden sollte. Kulturheidelbeeren brauchen einen sonnigen bis halbschattigen Standort, aber viel (kalkfreies) Wasser oder eine dicke Mulchdecke, dann tragen sie 10 bis 15 Jahre sehr gute Früchte. Geerntet wird ab Mitte Juli bis Ende August/Anfang September.

Verwendung Heidelbeeren eignen sich zum frisch Naschen, Einfrieren, Trocknen, für Fruchtcremes, Bowlen, als essbare Dekoration in Eiswürfeln oder am Tellerrand sowie zur Weiterverarbeitung zu Marmeladen. Um die Beerensaison zu verlängern, lassen sich diese auch gut einfrieren: frische Beeren kurz waschen, gut abtropfen und trocknen lassen, in Kunststoffgefäße füllen und rasch einfrieren. So können sie bis zu einem Jahr aufbewahrt werden.

Heidelbeer-Küchle (kleine Palatschinken)

Zubereitungszeit: 20 Minuten

Zutaten für 4 Personen:

- 200 g Mehl
- 5 Eier
- 100 ml Milch
- 1 TL Vanillezucker
- Schale von 1 unbehandelten Zitrone
- 400 g frische Heidelbeeren
- Öl zum Ausbacken

Heidelbeeren können auf vielfache Weise zu kulinarischen Köstlichkeiten verarbeitet werden.

TIPP **Frische Beeren wirken eher abführend, während getrocknete Heidelbeeren ein altbewährtes Hausmittel gegen Durchfall sind.**

Zubereitung: Mehl, Eier, Milch, Vanillezucker und geriebene Zitronenschale werden zu einem Teig verrührt. Heidelbeeren langsam unter den Teig ziehen, damit die Beeren nicht gequetscht werden. Damit der Teig flaumig wird, kann man bis zu 65 ml Sodawasser in den Teig geben. Öl in einer Pfanne erhitzen, mit einem Schöpfer Küchlemasse eingießen und ausbacken. Nicht zu viel Fett verwenden, die Küchle dürfen nicht im Fett schwimmen. Auf beiden Seiten goldbraun backen, abtropfen, mit Zucker bestreuen und heiß servieren.

Empfehlenswerte Sorten

- **'Bluecrop':** reif Mitte Juli bis August reif, frosthart, hoher Ertrag, sehr robust, verträgt auch extreme Standorte
- **'Bluetta'** und **'Duke':** große, geschmackvolle Beeren, ertragreich und robust
- **'Nui':** frühreif, braucht viel Sonne

Kapstachelbeere, Andenbeere
(Physalis peruviana)

Kultur Die Kapstachelbeere, auch bekannt als Andenbeere oder Inkapflaume, kann gut in Gefäßen kultiviert werden. Die Kapstachelbeere wird vor allem in Afrika, Südamerika, Indien sowie auf der indonesischen Insel Java angebaut und in die ganze Welt exportiert. Als mehrjährige Pflanze eignet sie sich besonders gut zur Topfkultur. Die Frucht, die in einem Lampion (ähnlich der Lampionblume) steckt, ist orangegelb, kirschgroß und sehr aromatisch süß-sauer. Ab Mitte Mai kann sie ins Freiland gesetzt werden, sie kann aber auch gänzlich unter Glas gezogen werden. Geerntet wird ab Ende August, zum Naschen oder für Kompott. Die Früchte der Kapstachelbeere sind reich an Vitamin C (ca. 11 mg/100 g), B1, Provitamin A und Eisen.

Erdkirsche, Ananaskirsche
(Physalis pruinosa)

Ist eine nahe Verwandte der Kapstachelbeere. Ihre kleinen, hellgelben Beeren in Lampions sind bestens zum Naschen, für Kompotte, Marmelade und zum Dörren geeignet. Nach Vorkultur können Erdkirschen ab Mitte Mai im Freiland ausgepflanzt werden. Sie wachsen niedriger als die Andenbeere und reifen viel früher als diese. Der Ertrag fällt auch in unseren Regionen hoch aus. Die Lampions sind bei der Reife pergamentartig.

Kapstachelbeere, Andenkirsche

Tipp **Etwas Besonderes: Die Kapstachelbeere als attraktives, essbares Nachspeisendekor ist in Töpfen leicht zu ziehen! Sie eignet sich auch als Bestandteil für Rumtopf, Bowlen oder Longdrinks.**

Kapstachelbeeren in Schokolade

Zutaten:

- Kapstachelbeeren
- Kochschokolade

Zubereitung: Lassen Sie die Schokolade im Wasserbad schmelzen. Öffnen Sie die Lampions der Kapstachelbeeren und biegen Sie die Blätter nach oben zum Stängel. Spießen Sie die Kapstachelbeeren an der Seite, an der sich auch der Stiel befindet, auf einen Zahnstocher und tauchen Sie die Beeren in die geschmolzene Schokolade. Stellen Sie die Spieße in einen Topf, damit die Schokolade erstarren kann. Der Schokoladengeschmack passt gut zu dem frisch-sauren Geschmack der Kapstachelbeere.

Miniobstbaum für die Terrasse

Kleine Obstgehölze werden im Erwerbsobstbau schon lange kultiviert. Die Wahl der Unterlage sowie der regelmäßigeSchnitt bestimmen die Größe der Bäumchen. Die „Unterlage" ist die aus Samen gezogene Wurzelsorte, auf die unsere Obstsorten veredelt werden, damit die guten Eigenschaften genutzt werden. Sie bestimmt die Wuchseigenschaften und sollte dem Standort angepasst sein. M26 wäre ideal, aber auch M27 oder M9 sind sehr schwachwüchsige Unterlagen.

Apfel *(Malus domestica)* – geballte Heilkraft

Der Apfel ist die wichtigste heimische Obstart. Da Äpfel zum beliebtesten und gesündesten Obst gehören, sollte ein Apfelbaum wohl in keinem Garten fehlen. Der Apfelbaum bevorzugt nähr-

Solch ein Säulen-Apfelbäumchen hat auch auf der Terrasse oder dem Balkon Platz.

TIPP Feststellung des Reifegrades bei Äpfeln: Beim Anheben und vorsichtigen Drehen der Frucht löst sich der Stiel vom Fruchtholz (manche Apfelsorten lösen sich jedoch sehr schwer).

stoffreiche, gut durchlüftete Böden, kommt jedoch auch mit weniger guten zurecht. Zum Ausreifen der Früchte braucht er einen sonnigen Standort.

VERWENDUNG Durch einen Wassergehalt von ca. 85 Prozent ist der Apfel ein idealer Durstlöscher, der durch den leicht verdaulichen Traubenzucker für einen schnellen Energieschub bei Müdigkeit und Konzentrationsschwäche sorgt. Roh und ungeschält sollte er gegessen werden, da sich 70 Prozent der wertvollen Inhaltsstoffe in der Schale befinden.

ERNTE UND LAGERUNG Ernten sollte man nur reife Äpfel, weil sie dann am längsten lagerfähig sind. Der optimale Lagerkeller für Äpfel hat eine Temperatur zwischen 2 und 6 °C und eine relative Luftfeucht von ca. 80 bis 90 Prozent. Obst und Gemüse unbedingt getrennt lagern! Durch seine Lagerfähigkeit ist der Apfel für unsere Winterversorgung sehr wichtig.

FÜR KLEINSTEN RAUM: SÄULENAPFEL Der Ursprung der säulenförmigen Apfelbäume – CAT bedeutet „Columnar Apple Trees“ – geht auf eine Zufallsmutation der Apfelsorte 'McIntosh' mit auffallend kompaktem Wuchs zurück. Die Seitentriebe sind zu Fruchtspießen umgewandelt, daher wachsen die Früchte fast direkt am Stamm. Die langsam wachsenden Säulen- oder Spindelbäumchen lassen sich gut beernten und passen gut auf Balkon und Terrasse.

Diese Minibäume benötigen jedoch besonders optimale Bedingungen bezüglich der Bodenstruktur (ausreichende Durchlüftung) und beste Wasser- und Nährstoffversorgung. Bei der Nährstoffversorgung ist auf ausgewogene Düngung, am besten mit Kompost, zu achten, da starke Stickstoffdüngung zu triebiges Wachstum fördert und die Frosthärte negativ beeinflusst. Außerdem verlieren die Äpfel an Aroma und sind schlechter lagerfähig. Beim Einpflanzen darf ein Stützpfahl nicht fehlen, der bei Äpfeln und Birnen für immer bleibt. Meist werden solche Minibäume nicht älter als 15 Jahre.

Apfelblüten erkennt man an ihrer zarten Rosa-Färbung

Die bisher verwendeten Sorten 'Ballerina' erwiesen sich allerdings als sehr schorf- und mehltauanfällig, auch die Lagereigenschaften waren nur mäßig. Nun wurden neue Sorten auf etwas wüchsigeren, aber unempfindlicheren Unterlagen gezüchtet, die als weitgehend schorf- und mehltauresistent gelten und auch von Blattläusen eher gemieden werden.

Säulenbäumchen werden in Töpfe der Mindestgröße von 60 cm Breite und 60 cm Tiefe und 0,5 m bis 1 m Länge pro Bäumchen gepflanzt. Apfelbäume haben ein flaches Wurzelsystem.

ALTBEKANNTE APFELSORTEN Den alten, bewährten und sehr robusten Apfelsorten kommt im Naturgarten wieder mehr Bedeutung zu. Sowohl der Geschmack und die gesunden Inhaltsstoffe als auch ihre Robustheit gegenüber vielen Krankheiten sprechen sehr für den Anbau alter Sorten. Diese können durch den richtigen Schnitt ebenfalls klein gehalten werden und werden auch als Spindelbusch angeboten. Im Rahmen dieses Buches können nur wenige Sorten erwähnt werden, das Angebot an empfehlenswerten Sorten ist weit größer und kann in entsprechenden Spezialbüchern nachgelesen werden (z. B.: „Äpfel für der Hausgarten" aus derselben Reihe von avBUCH, 2005). Weltweit gibt es inzwischen geschätzte 100.000 Apfelsorten! Die Auswahl der richtigen Sorte hängt entscheidend vom Klima, vom Boden und von der individuellen Geschmacksempfindung ab.

TIPP **Es gibt auch rotfleischige Apfelsorten, die vor allem zur Herstellung von rotem Apfelsaft, Marmeladen, Gelees, Apfelchips und -mus verwendet werden. Der rote Pflanzenfarbstoff wirkt krebshemmend, hat aber hohe Säurewerte. Sorten: 'Pòmfital', 'Weirouge' und 'Roter Mond'.**

Empfehlenswerte Sorten, speziell als Säulenbäumchen

- **'Starcats':** roter, fester Apfel, wie 'Elstar' in Form und Geschmack, Anfang September reif, lagerfähig, sehr robust, mittelstarker Wuchs
- **'Redcats':** roter, fester Apfel, ähnlich 'Gala', sehr guter Geschmack, süß und säurebetont, reif im September, lagerfähig, schwach wachsend
- **'Greencats':** grüner, fester Apfel ähnlich 'Granny Smith', sehr guter Geschmack, süß, saftig, würzig, reif Mitte September, lagerfähig, mittelstark wachsend
- **'Goldcats':** gelbgrün mit roter Backe, in Form und Farbe wie 'Golden Delicious', sehr guter Geschmack, süß und säurebetont, lagerfähig, robust, wuchsfreudig

KLEINWÜCHSIGE ALTERNATIVEN ZUM APFEL Es gibt auch von Natur aus oder durch Züchtung kleinwüchsige, wärmeliebende Obstgehölze wie Pfirsich oder Nektarine, die einen großen Topf (mind. 40 cm tief und breit!) an einer warmen Hauswand sehr schätzen. Bei Trockenheit darf auf die Bewässerung nicht vergessen werden!

WOHLBEFINDEN Ein blühender Obstbaum ist eine Augenweide. Im Sommer gleicht die Wirkung seiner Blattmasse zu heißes, trockenes Wetter aus und trägt so zur wesentlichen Verbesserung des Kleinklimas auf Balkonen und Terrassen bei.

ÖKOLOGIE Ein Obstbaum wird zur Blütezeit von Bienen besucht, er dient Vögeln als Rastplatz oder zum Nestbau. Auf einem Apfelbaum finden sogar 35 verschiedene Säugetierarten Nahrung, dann kommen Haselnuss und Vogelbeere (mit 33 und 31 Säugetierarten)!

Einige empfehlenswerte, wohlschmeckende und robuste Apfelsorten

Sorte	Fruchtgröße	Fruchteigenschaften	Reife	Besonderes
'Gravensteiner'	mittelgroß	gelbrot-gestreift, saftig	September bis November	gering lagerfähig, guter „Strudelapfel"
'Berlepsch'	klein bis mittel	rot, spritzig süß-säuerlich, feinaromatisch	Oktober	hoher Vitamin-C-Gehalt, 2 Monate lagerfähig
'Rote Sternrenette'	mittel	rot, rötliches Fruchtfleisch, süß-säuerlich, robust	Oktober	mittel- bis starkwüchsig, nicht für trockene Böden, 1 Monat lagerfähig
'Ananasrenette'	klein	gelb, aromatisch süß-säuerlich	Oktober	schwach wachsend, für freistehende Spaliere; 2 Monate lagerfähig
'Danziger Kantapfel'	mittel	rot; süß-säuerlich, saftig	Oktober bis Dezember	
'Prinz Albrecht von Preußen'	mittel	gelbrot, saftig, süß-säuerlich	September bis November	auch für Hochlagen, schwachwüchsig, für Spaliere gut geeignet, gering lagerfähig, Frischgenuss!
'Champagner-Renette'	klein	gelb mit rosa Backe; sehr saftig, säuerlich	November	starkwüchsig, nicht für kühle Lagen, 5 Monate lagerfähig

BESONDERES Ein Kirschblütenzweig zur Dekoration als „japanische" Besonderheit in der Vase, die rosa-weißen Apfelblüten sind mindestens ebenso dekorativ! Ein Obstkörbchen mit verschiedenstem Obst vom eigenen Balkon/aus dem eigenen Garten ist ein wunderbares Geschenk für liebe Freunde!

Gewürze, besonders Zimt, sind Bestandteile vieler Apfelgerichte.

APFELFLECKERL: SCHNELL UND KÖSTLICH

Zutaten:

- 0,5 kg Äpfel
- 1 Prise Zimt
- Saft einer halben Biozitrone
- 1 EL Butter
- 100 g Brösel (oder 5 g geriebene Haselnüsse)
- 300 g gekochte Fleckerlnudeln
- Staubzucker zum Bestreuen

Zubereitung: Äpfel fein raspeln, mit Zimt und Zitronensaft vermengen. Butter zerlassen und mit Bröseln im Rohr leicht bräunen. Fleckerlnudeln, Äpfel und Brösel vermengen, in eine gefettete Auflaufform füllen und im vorgeheizten Rohr bei 180 °C etwa fünf Minuten erhitzen. Mit Staubzucker bestreut servieren.

Mobiler Garten

Oft soll die Einfahrt in einen Garten von Bepflanzung zwar freigehalten werden, aber ein Sichtschutz wird doch gewünscht. Auch für Terrassen ist oft nur ein zeitlich begrenzter Sicht- oder Windschutz gewollt – dem kann mit mobilem Sichtschutz, also Trögen oder Pflanzkisten und mit einer Holz(flecht)wand entsprochen werden. Diese Wände können durchaus auch mit essbaren Kletterpflanzen berankt werden. So können im Weinbaugebiet Tafeltrauben oder Kiwis gezogen werden, auch stachellose Brombeeren sind raschwüchsige Kletterer, die zum Naschen einladen. Diese flexiblen Sichtschutzwände können selbst bei einer Übersiedlung mitgenommen werden. Bei starkem Wind ist natürlich auf eine entsprechende Verankerung im Boden oder in Verbindung mit dem Haus oder der Terrasse zu achten.

Stachellose Brombeeren, Wein oder Kiwis können in großen Pflanztrögen gezogen werden.

Brombeere *(Rubus sect. Rubus):*
zarte Blüten, magenstärkende Früchte

Viele Menschen setzen immer noch Brombeeren mit einem undurchdringlichen, stacheligen Gestrüpp gleich, das sie von Waldlichtungen, Auwäldern und so manchem Schuttplatz kennen. Jedoch gibt es seit einigen Jahrzehnten auch hervorragende stachellose Züchtungen in mehreren Sorten, deren Anbau und Pflege so einfach ist, dass diese äußerst gesunde Beere wieder Einzug in fast jeden Garten gehalten hat.

Stachellose Brombeeren erleichtern die Ernte.

Standort Die Pflanze stellt geringe Ansprüche an den Boden. Ihr natürlicher Verbreitungsschwerpunkt liegt auf schweren, nährstoffreichen Böden. Sie bevorzugt allerdings sonnige, eher geschützte Stellen. Da die Ruten frostgefährdet sind, empfiehlt sich in winterkalten Gebieten (unter −15 °C) ein Winterschutz.

Tipp **Die Brombeere enthält viel Kalzium und Magnesium, sie wirkt magenstärkend und blutbildend. Tee aus unfermentierten, frischen oder getrockneten Blättern hilft bei Durchfall, Magen-Darm-Katarrh, Darmentzündung, Sodbrennen, Fieber und Menstruationsbeschwerden.**

Kultur Die beste Pflanzzeit ist der Frühling, meist im März. Es gibt rankende und aufrecht wachsende Brombeeren. Vor allem rankende Sorten benötigen eine Stütze oder ein Rankgitter, am besten werden sie auf Pergolen oder entlang von Drahtseilen (oder am Maschendrahtzaun) gezogen. Da sie jeweils an einjährigen Kurztrieben, die sich an den langen Vorjahresruten bilden, fruchten, sollten sie im Frühling zurückgeschnitten werden: Alte, abgetragene Ruten und alles Erfrorene wird bis ins gesunde Holz zurückgeschnitten und Jungruten vom Vorjahr neu aufgebunden. Der Pflanzabstand bei rankenden Brombeeren beträgt etwa 2 bis 4 m, je nach Sorte. Im ersten Jahr zieht man zwei bis vier Ruten entlang des Gerüstes in Fächer- oder Palmettenerziehung, diese tragen im Folgejahr Früchte. Bei aufrecht wachsenden (im Gegensatz zu rankenden) Brombeersorten ist besonders der Sommerschnitt wichtig: die Seitentriebe der diesjährigen Ranken werden bis auf 20 cm eingekürzt, Triebe über 150 cm Länge werden geköpft, damit sich mehr Seitenknospen und damit Fruchttriebe bilden. Bei aufrecht wachsenden Arten gelten dieselben Schnittregeln wie bei der Sommerhimbeere. Ohne Schnitt gehen die Erträge stark zurück. Der Pflanzabstand aufrecht wachsender Sorten beträgt nur 60 bis 80 cm.

VERWENDUNG Ihre weiß-rosafarbenen Blüten erfreuen nicht nur an gemeinsamen Grundstücksgrenzen und Zäunen, sondern auch auf Terrassen und bei Sitzplätzen. Die vielen Kultursorten sind Kreuzungen verschiedenster *Rubus*-Arten, die meisten Züchtungen stammen aus Nordamerika. Die stachellosen Sorten besitzen auch noch eine zweite positive Eigenschaft, sie treiben kaum Ausläufer, können aber bei Bedarf leicht durch Ableger und Absenker vermehrt werden. Da sie meist recht wüchsig sind, reichen ein bis zwei gesunde Sträucher, um den Bedarf an täglich frischen Brombeeren von August bis September decken. Zum Höhepunkt der Ernte sollten sich zusätzlich noch Brombeerkuchen oder einige kleine Gläser Marmelade ausgehen. Neben den Früchten können auch die Blätter der jungen Triebe von Mai bis September gesammelt und zu wertvollem Tee als Grundsubstanz für Kräuterteemischungen oder pur als verdauungsmildernder (stopfende Wirkung) Tee verarbeitet werden. Auch Haustieren (Kaninchen, Meerschweinchen und anderen Kleintieren) schmecken die Brombeerblätter vorzüglich.

Empfehlenswerte Sorten

- **'Loch Ness', 'Nessy':** stachellos, sehr große, süße, glänzende Früchte, frühreif (Ende Juli bis Mitte September), starkwüchsig, robust
- **'Navaho':** stachellos, großfruchtig, aromatisch, aufrecht wachsend, weniger starkwüchsig (max. 2 m)
- **'Thornless Evergreen':** reift nur in Gunstlagen und in warmen Jahren aus
- **'Theodor Reimers':** stark bewehrt/stachelig, aber sehr wohlschmeckende Früchte, blüht rosarot, wächst sehr stark (Jahrestriebe bis 3 m und mehr!)

BROMBEERLIKÖR

Zutaten 1:

- 500 g reife Brombeeren
- 500 ml Wodka oder Kernobstschnaps

Zutaten 2:

- $\frac{1}{2}$ l Rotwein
- 300 bis 500 g Rohzucker oder Kristallzucker (je nach gewünschter Süße)

Zubereitung: Zutaten 1 in ein Einmachglas füllen, verschließen und für 4 bis 6 Wochen bei Raumtemperatur oder im Halbschatten stehen lassen, filtrieren.

Zutaten 2 aufkochen, erkalten lassen, mit der abgeseihten Mischung 1 mischen, in saubere, ausgekochte Fläschchen füllen.

Variante: Zubereitung mit Himbeeren, Roten oder Schwarzen Johannisbeeren.

GURGELWASSER

Zutaten: Eine Handvoll frische oder eine halbe Handvoll getrocknete Brombeerblätter

Zubereitung: Am Morgen die frischen oder getrockneten Brombeerblätter mit 1 Tasse kochendem Wasser übergießen, zehn Minuten ziehen lassen und absieben. In einem bedeckten/verschlossenen Glas aufbewahren und während des Tages möglichst oft damit gurgeln oder spülen.

Verwendung: bei Hals-, Zahnfleisch- und Mandelentzündung, Zahnfleischbluten.

Essbare Kletterer für Balkon und Terrasse

Nicht nur Sicht- und Windschutzwände können mit essbaren Kletterern berankt werden. Vor allem heiße, südseitige Terrassen können durch das Blätterdach viel gewinnen. Der klimatische Ausgleich durch Schatten und höhere Luftfeuchte erfreut die Benutzer ebenso wie die Blüten und Früchte. In südlichen Ländern und beim Heurigen sitzt man gerne unter einem Dach aus Weinblättern. Weniger bekannt, aber eigentlich noch empfehlenswerter ist eine mit Kiwis berankte Pergola.

Kiwi *(Actinidia deliciosa* Syn. *A. chinensis, A. arguta)*

Standort Die großfruchtige Kiwi *(Actinidia deliciosa)* und der scharfzähnige Strahlengriffel *(A. arguta)* sind attraktiv blühende Schlingpflanzen, die zwar für Krankheiten und Schädlinge nicht anfällig ist, jedoch nur für warme Klimazonen (Weinbau) geeignet ist. Auch dort sollte sie in sonnigen, geschützten Lagen mit wenig Spätfrostgefahr und windgeschützt gepflanzt werden. Die Kiwi liebt hohe Luftfeuchtigkeit und relativ große Niederschlagsmengen, der Boden sollte humus- und nährstoffreich und gut dräniert sein, eher sauer als kalkreich.

Kiwis verstecken ihre Blüten gerne unter dem Laub.

Früchte nur mit Vater und Mutter Aufgrund ihrer Getrenntgeschlechtlichkeit ist es wichtig, Pflanzen beider Geschlechter zu verwenden. Die meisten Sorten bilden männliche und weibliche Blüten auf getrennten Pflanzen (Zweihäusigkeit), für eine gute Befruchtung reicht eine männliche für sechs bis zehn weibliche Pflanzen. Es gibt aber auch selbstfruchtbare Sorten.

Kultur Die beste Pflanzzeit ist im Frühling (ab Ende April), reifer Kompost kommt bei der Pflanzung dazu, danach wird gut eingegossen. In der ersten Zeit sollte der Boden gleichmäßig feucht gehalten werden. Nach der Pflanzung sollte nur ein gesunder Trieb bleiben und dieser um ein Drittel eingekürzt werden. Die Pflanzen sollten regelmäßig gedüngt (eine Kompostgabe im Frühling und im Juni) und mit Mulch abgedeckt werden. Jungpflanzen sollten in den ersten Wintern mit Reisig, Laub, Jute oder Schilfmatten vor Frost geschützt werden.

Im Mai entfalten sich die durchaus attraktiven, weißen, beim Verblühen cremefarbenen Blüten. Im Sommer entsteht durch die großen Blätter ein dichtes, Schatten spendendes Dach. Reif werden die Kiwis erst beim Laubfall im November, durch Lagerung reifen sie nach und bleiben bis Dezember oder Januar frisch. Sie werden mit kurzem Stielstummel abgeschnitten und am besten bei niedrigen Temperaturen und hoher Luftfeuchte gelagert. Im Gemüsefach sind sie etwa vier Monate haltbar. Wenn sie neben Äpfeln gelagert werden, reifen sie sehr rasch, die Haltbarkeit wird verkürzt!

Glattschalige Kiwi *(Actinidia arguta 'Weiki')*, auch Bayernkiwi oder japanische Kokuwa genannt. Diese Art ist wesentlich frosthärter und anspruchsloser und kann auch in kühleren Klimaten angebaut werden. Diese in Ostasien beheimatete Mini-Kiwi-Art ist eine stark wachsende Schlingpflanze (Jahrestriebe von 2 m und mehr), die mit kleinen, weißen Blüten im späten Frühjahr blüht, um im Anschluss kleine, süße, Vitamin-C-reiche, stachelbeergroße, glattschalige Früchte zu bilden. Für die Verwendung bis zu 1.000 m Seehöhe ist sie geeignet, ist sie also extrem winterhart. Alle Kiwipflanzen benötigen ein stabiles Klettergerüst (Drahtspalier, Rankgerüst) und überwachsen mit ihren bis zu 10 m langen Trieben auch Zäune, Pergolen und Mauern.

SCHNITTREGEL Das starke Wachstum der Ranken verlangt einige Schnittmaßnahmen. Seitentriebe, die gefruchtet haben, werden im Frühjahr (Ende Februar/Anfang März, nicht später!) auf drei bis fünf Augen zurückgeschnitten, starker Rückschnitt fördert die Bildung von einjährigem Holz. Besonders im Sommer müssen alle fruchttragenden Triebe sechs bis acht Blätter nach der äußersten Frucht gekappt, Wasserschosse gänzlich entfernt werden.

Genauer Triebaufbau am Rankgerüst sowie eine genaue Schnittanleitung: siehe Kapitel „Hegen und Pflegen".

Empfehlenswerte Sorten

WEIBLICHE KIWISORTEN

- **'Hayward':** gebräuchlichste Sorte
- **'Abbott':** früher blühend, ertragreicher
- **'Bruno':** große, längliche Früchte

MÄNNLICHE KIWISORTE

- **'Matua':** als Partner für alle weiblichen Sorten

KLEINFRUCHTIGE KIWI

- **'Issaj':** 2 bis 3 cm große, glattschalige Früchte, selbstfruchtbar, sehr frostfest
- **'Maki':** mittelfrüh, gut lagerfähig, auch für raues Klima
- **'Weiki':** spätreif, bedingt selbstfruchtbar, für warme Lagen

Sobald das dichte Blätterdach abfällt, kann geerntet werden.

VERWENDUNG Am besten werden Kiwis roh gegessen, da so ihr hoher Vitamin-C-Gehalt am besten zur Entfaltung kommt. Sie können aber auch eingefroren werden (geschälte oder pürierte Früchte mit etwas Zitronensaft zur Farberhaltung) oder zu Marmelade verkocht werden.

GESUNDHEIT Vitamin-C-Lieferant, hilft effektiv beim Stressabbau und beruhigt den Kreislauf.

ÖKOLOGIE Die Kiwiblüten dienen als Bienenweide, aufgrund ihrer starken Trieben und der großen Blätter gilt die Kiwi als Vogelschutzgehölz.

WOHLBEFINDEN Zur Blütezeit sitzt man besonders gerne unter dem „Kiwi-Dach", im Sommer spenden die großen Blätter angenehmen Schatten. In der Gartengestaltung findet die Kiwi sowohl im Bauerngarten als auch im Japangarten Verwendung.

Kiwis reifen rechtzeitig, um Anfang Dezember in den Nikolaussack gesteckt zu werden.

Kiwimarmelade

Zutaten:

- 1 kg Kiwis
- 1 Packung Gelierpulver (2:1)
- 500 g Traubenzucker (oder 500 g Gelierzucker 2:1)

Zubereitung: Kiwis schälen, zerkleinern und leicht andünsten. Danach pürieren. Das Gelierpulver mit Traubenzucker vermengen und zufügen, unter Rühren zum Kochen bringen und unter ständigem Rühren fünf Minuten sprudelnd kochen lassen. Sollte sich während des Kochens Schaum bilden, muss dieser vor dem Abfüllen abgeschöpft werden. Vorbereitete Gläser randvoll füllen, sofort verschließen, umdrehen und ca. fünf Minuten auf dem Deckel stehen lassen. Menge ergibt ca. vier bis sechs Gläser.
Haltbarkeit: 12 Monate

Wein *(Vitis vinifera)*

Wein gilt als eine der ältesten Kulturpflanzen und hatte schon im Altertum große Bedeutung. Das Ursprungsgebiet liegt in Kleinasien, am Kaukasus und im Iran. Griechische Kolonisten haben den Wein bis nach Spanien verbreitet.

Kultur Die Weinrebe ist eine ausdauernde Liane, die nur in der gemäßigten Klimazone vorkommt. Ihre Triebe können bis zu mehrere Meter pro Jahr wachsen. Wein berankt nicht nur sehr rasch Pergolen und Sichtschutzwände, er ist auch eine Frucht mit hohem Gesundheitswert. Die Weinreben zieren Hauswände, beschatten Sitzplätze und Lauben. Leider zögern viele, Wein anzupflanzen, da man glaubt, dass er ohne Spritzmittel nicht richtig gedeihen kann. Zum Glück gibt es bereits viele krankheitsresistente Sorten, die auch in Ertrag und Geschmack hervorragend sind. Die meisten Reben sind Pfropfreben, das bedeutet, dass veredelte Sorten auf reblausresistente Unterlagen gepfropft werden. Für alle Bodenarten gibt es geeignete Unterlagen. Stark wachsende Unterlagen sind für Hausreben zu bevorzugen.

Standort und Pflanzung Weinstöcke brauchen einen warmen, durchlässigen Boden mit etwas Kalkgehalt. Da sie sehr tief wurzeln (6 bis 8 m), kommen sie auch meist mit Trockenheit gut zurecht. Gepflanzt werden sie im April. Den Boden tiefgründig lockern, die Pflanzgrube sollte 0,5 bis 0,8 m tief ausgehoben werden. Die Weinrebe wird schräg zur Wand, im Abstand von 0,2 bis 0,3 m hineingelegt, die Veredelungsstelle sollte etwa eine Handbreite über

Weinreben wachsen gut, wenn sie von Hausmauern geschützt werden.

der Bodenoberfläche sein, wird aber mit lockerer Erde zugedeckt (ist die Veredelungsstelle mit Wachs überzogen, wird sie nicht zugedeckt!). Zur Erde sollte man nur sehr reifen Kompost mischen; nach der Pflanzung gut angießen. Auch Holzasche ist als Dünger für die weitere Pflege gut geeignet, sollte aber nur sehr sparsam verwendet werden. Nach dem Pflanzen werden alle, außer einem kräftigen, unverzweigten Leittrieb, zurückgeschnitten. Dieser Trieb wird etwa 0,3 m über dem untersten Drahtgerüst abgeschnitten. Von diesem Trieb ausgehend erfolgt die Erziehung der Seitentriebe und Verzweigungen entlang des Gerüstes.

Schnitt und Pflege Die Nebentriebe werden im Februar (nicht später, da die Reben sonst „bluten" und sehr viel Kraft verlieren) auf zwei Augen zurückgeschnitten. Es sollte so geschnitten werden, dass oberhalb der Augen noch 1 bis 2 cm Holz stehen bleiben, damit die Knospen nicht austrocknen. Im Frühsommer werden noch alle tragenden Ruten über dem letzten Fruchtansatz auf drei bis vier Blätter eingekürzt. Ab Mitte August sollten die Triebspitzen nicht mehr gekappt werden, da sie für die Zuckerbildung der Traube wichtig sind. Nur altes Laub, das die Trauben beschattet, kann entfernt werden. Es gibt viele verschiedene Erziehungs- und Schnittformen, wobei der ein- oder zweiarmige, senkrechte Kordon oder der waagrechte Kordon besonders geeignet sind. Genaue Schnittanleitung siehe „Hegen und Pflegen". Am besten gedeihen Weinreben an Ost- oder Südostwänden, da sie dort vor dem Regen (Gefahr: nasse Blätter: falscher Mehltau!) – geschützt sind.

Gesundheit Trauben regen die Darm- und Nierentätigkeit an und wirken Bluthochdruck, Gicht, Arteriosklerose und Tumoren entgegen. Sie enthalten Traubenzucker, Fruchtsäuren, Vitamine und Mineralsalze.

Wohlbefinden Schon die alten Römer schätzten nicht nur den Geschmack, sondern auch die Beschattung durch die Pflanzen in heißen Sommern und saßen unter Weinlauben.

Feine Topfencreme mit Weintrauben

Zubereitungszeit: 15 Minuten

Zutaten:

- 250 g Topfen
- 1 Becher Joghurt
- 125 ml Sauerrahm
- 100 g Staubzucker
- 1 Pkg. Vanillezucker
- Saft einer Zitrone
- 1 kleines Stamperl Cognac
- 2 Dotter
- 400 g Weintrauben

Zubereitung: Topfen mit Joghurt und Sauerrahm sehr schaumig rühren. Nach und nach Staub- und Vanillezucker, Zitronensaft, Cognac und Dotter einrühren. Das Ganze so lange rühren, bis eine luftige, lockere Creme entsteht. Weintrauben waschen und schichtweise Weintrauben und Topfencreme in Dessertschalen füllen. Vor dem Servieren unbedingt für zwei Stunden in den Kühlschrank stellen.

TIPP **Weinreben sollten frei und sonnig stehen, am besten an Südwest- oder Südostwänden.**

Weintrauben und Kiwis beranken rasch große Pergolen. Diese sind bereit zur Ernte.

Empfehlenswerte Sorten

- **'Blauer Portugieser':** dunkelblaue, große Trauben, starkwüchsig, frühe Reife
- **'Gelbe Wachauerin':** gelbe Trauben, kernlos, reifen August bis September
- **'Gelber Muskateller':** sehr gute Tafeltraube mit feinem Muskatgeschmack, für gute und nicht zu trockene und eher kalkarme Böden
- **'Gutedel Rot':** große, rötliche Trauben, mittelreif, etwas früher als 'Gutedel Weiß'
- **'Gutedel Weiß':** gelbbraune gute Tafeltraube, mittelreif
- **'Muskat Blue':** große, lockere blaue Trauben, Muskatgeschmack
- **'Königliche Esther':** blau, runde, fruchtige Beeren, für späte Lagen
- **'Perle von Zala':** sehr frühreif, gelbe Beeren mit festem Fruchtfleisch, süß
- **'Aron':** Selbstträger
- **'Isabella':** spätreife, blaue, große Trauben mit ovalen Beeren, Uhudlersorte
- **'Bianca':** weiß, starkwüchsig, teilresistent gegen Pilzkrankheiten, sehr winterhart, frühreif
- **'Gusto Romulus':** grüne, kleine, kernlose Beeren, intensiv süß, frostfest

Hochbeet einmal anders

Hochbeete eignen sich auch gut zur Bepflanzung mit Gartenerdbeeren.

Garten- oder Ananaserdbeere
(Fragaria × ananassa)

Die Garten- oder Ananaserdbeere ist eine Kreuzung der in Südamerika heimischen *Fragaria chiloensis* und der in Nordamerika heimischen *F. virginiana*.

Verwendung Erdbeeren sind im Frühsommer besonders begehrte Früchte, nicht nur aufgrund des Geschmacks, sondern auch wegen ihrer äußerst positiven Wirkung auf Gesundheit und Figur. Die meisten im Handel erhältlichen frühen Erdbeeren stammen aus Intensiv-Plantagen, die ohne Pestizide, Fungizide und Insektizide nicht auskommen. Wer diesen Chemie-Cocktail meiden will, sollte auf die eigene Ernte warten. Auch geschmacklich können weit gereiste, unreif gepflückte Beeren mit frischen und reif geernteten aus dem eigenen Garten keineswegs mithalten!

Kultur Der Anbau von Erdbeeren auf gut durchlüfteten Hochbeeten (zusätzlicher Vorteil: Rückenschonung bei der Bearbeitung) oder in Dammkultur (Erdwälle von 20 bis 40 cm Höhe) ist besonders vorteilhaft, da die Erdbeeren auf Staunässe mit verschiedenen Fäulniskrankheiten reagieren. Gepflanzt wird in Reihen (Reihenabstand: 40 bis 60 cm) im Abstand von 25 bis 35 cm. Da Erdbeeren viel Humus brauchen, muss viel reifer Kompost oder Laubhumus (gut verrottetes Laub) dazu, auch Holzasche ist auf diesem Beet willkommen, da Erdbeeren viel Kali benötigen.

Um die Beete von Beikraut freizuhalten, kann der Boden mit Strauchhäckselgut abgedeckt werden. Sobald die ersten Früchte erscheinen, kann man unter die Fruchtstiele Stroh oder Holzhäcksel, Nadelstreu oder Heu unterlegen, damit die Früchte nicht faulen oder zu erdig werden. Erdbeerpflanzen sollten nie ganz austrocknen, daher ist eine ausgewogene Bewässerung wichtig. Mit einer Tröpfchenbewässerung werden sie nur von unten gegossen, da zu viel Feuchtigkeit zu Fäulnis führt. Gedüngt wird alljährlich im August mit Kompost, Hornspänen oder Pflanzenjauchen.

Auf gute Nachbarschaft Im Sinne einer guten Mischkultur beeinflussen sich Lauch und Erdbeeren positiv. Die Mischkultur mit Knoblauch beugt Pilzkrankheiten vor. Auch Zwiebeln, Spinat, Salat, Buschbohnen, Radieschen und Borretsch sind gute Nachbarn Nachbarn für Erdbeerpflanzen.

Gesundheit Erdbeeren enthalten viele wertvolle Inhaltsstoffe: mehr Vitamin C als Zitronen, mehr Kalium als Bananen (entwässernd); viel Vitamin B1 („Stimmungsvitamin", für starke Nerven), viel Vitamin B2 („Nervenvitamin"), B6 und bioaktive Substanzen, die Herz-Kreislauf-Erkrankungen, Krebs und Thrombosen vorbeugen. Sie sind auch reich an Kalzium, Phosphor, Magnesium und Eisen (gegen Blutarmut!). Auch die Beschwerden von Gicht und Rheuma werden von der in den Früchten enthaltenen Salizylsäure gelindert.

TIPP **Um Erdbeerpflanzen gesund und ertragreich zu halten, sollten sie nicht länger als drei bis fünf Jahre am selben Standort/Boden wachsen. Von Ausläufern gewonnene Pflänzchen werden im Juli/August in kleine Töpfe mit frischer, torffreier Blumenerde gepflanzt, von wo sie im darauffolgenden Jahr ins neue Beet versetzt werden und bereits fruchten.**

Erdbeerblätter-Tee zur Magen- und Darmstärkung

Zubereitung: Junge Blätter mit kochendem Wasser übergießen, 15 Minuten ziehen lassen.

Erdbeer-Topfencreme

Zutaten:

- 200 g Magertopfen
- 200 ml Schlagobers
- 3 bis 4 EL Honig oder Holunderblütensirup
- 250 g Erdbeeren

Zubereitung: Obers steif schlagen und unter den Topfen heben, mit Honig oder Sirup abschmecken und die geviertelten Erdbeeren untermischen. Mit Erdbeeren garniert servieren. Diese Creme kann auch aus anderen Beerensorten zubereitet werden.

Empfehlenswerte Sorten

Früh blühende Sorten sollten nur an geschützten Standorten gepflanzt werden, da die Blüten erfrieren können, oder es könnte bei kaltem Wetter durch zu geringen Bienenflug zu keiner Befruchtung kommen:

Einmal tragende Sorten

- **'Avanta':** sehr frühe Sorte, anspruchslos
- **'Elvira':** mittelfrüh
- **'Mieze Schindler':** spät, alte Liebhabersorte, Walderdbeeraroma, viele Ausläufer
- **'Polka':** mittelspät, robust, sehr ertragreich
- **'Thuriga':** mittelspät, sehr gutes Aroma

Mehrmals tragende Erdbeersorten

- **'Rapella':** auch für Ampeln und Balkonkästen
- **'Mara des Bois':** reift mittelfrüh und nochmals bis Frost, hocharomatisch
- **'Evita':** große Früchte

Ananaserdbeeren auf Stroh gebettet, verschmutzen und verfaulen nicht.

Spalierobst

Entlang der Zäune, an Hausmauern oder zur Raumteilung – besonders in kleinen Gärten –kommt dem Spalierobst eine große Bedeutung zu. Für einen Sicht- und Windschutz, der schön blüht, gesunde Früchte liefert und ökologisch wertvoll ist, kann man die jährlichen Schnittmaßnahmen schon in Kauf nehmen. Kahle Hausmauern bekommen durch ein schönes Wandspalier, an dem es im Frühling herrlich blüht und im Sommer reife Früchte hängen, ein besonderes Aussehen. Natürlich ist eine entsprechende Unterstützungsvorrichtung, also ein freies Spalier oder ein Wandspalier nötig, meist aus Holz gefertigt. Das freie Spalier sollte in Nord-Süd-Richtung verlaufen. Es besteht mindestens aus einem stabilen Holzrahmen. Für den Rahmen werden alle 3 bis 5 m Pfosten aus Holz (oder Stahl) als Steher verwendet. Diese werden nicht direkt in die Erde geschlagen, sondern in einen „Pergola-Schuh" (Metallhülse mit Spitz) gesteckt oder in Punktfundament einbetoniert. Querverstrebungen montieren Sie in 60 cm und 190 cm Abstand vom Boden. Bei Wein oder Brombeeren wird zusätzlich mit Draht zwischenverspannt. Es kann aber auch alle 30 cm eine schwächere Holzlatte befestigt werden. Das Wandspalier muss mit einem Abstand von mindestens 10 bis 25 cm von der Hauswand montiert werden. Die Holzlatten sollten immer an einen (metallenen) Abstandhalter und einen Holzriegel geschraubt werden. Die Lattenstärke sollte ungefähr 25 × 35 mm betragen. Geeignete Obstarten: Apfel, Birne, Marille, Quitte.

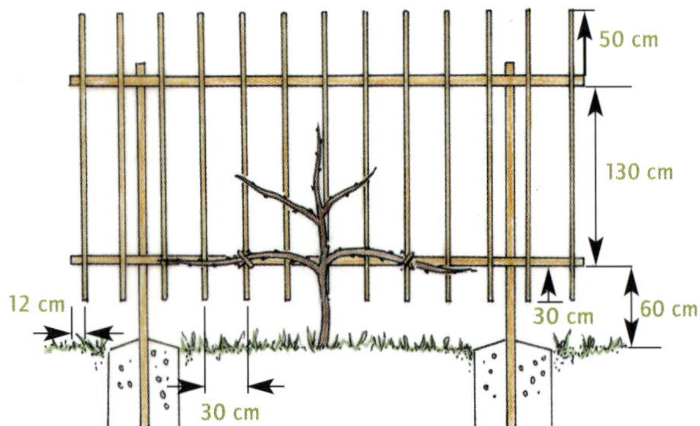

Holzspalier als Lattenkonstruktion

Apfelhecke

Apfelbäume eignen sich besonders gut für die Formung zum Spindelbusch oder Spalierbaum. Wer also keinen großen Apfelbaum pflanzen will oder kann, dem ist eine Apfelhecke entlang der Grundstücksgrenze oder als Raumteiler in langen, schmalen Gärten zu empfehlen. Der Spindelbusch wird meist auf einer schwach bis mittelstark wachsenden Unterlage gezogen. In mehreren Etagen im Abstand von 50 bis 60 cm werden gleichrangige, flach stehenden Fruchtäste belassen, die von einer geraden Achse ausgehen. Siehe auch „Säulenapfel" im Kapitel „Naschen auf Balkon und Terrasse". Bei der Schlanken Spindel sind ähnliche Schnittmaßnahmen nötig wie beim Spindelbusch.

Sortengerechte Lagerung von Äpfeln

Frühäpfel, wie 'Klarapfel', sind sofort genussreif und lassen sich nicht lagern. Winteräpfel wie 'Boskoop', 'Berlepsch', 'Rote Sternrenette' benötigen eine Nachreife in einem dunklen Raum mit 2 bis 6 °C und 80 bis 90 % Luftfeuchtigkeit, um ihren Geschmack zu entfalten.

Der Abstand zur Grundgrenze sollte 1 bis 2 m betragen, um von allen Seiten ernten und schneiden zu können. Als Pflanzabstand reichen 1,2 bis 1,5 m. Alle Apfelhecken lassen sich problemlos auf einer Höhe von 2,5 m begrenzen, der Ertrag setzt schon im zweiten Jahr ein. Da Äpfel zur Befruchtung einen Partner brauchen, setzt man immer mehrere Sorten.

Empfehlenswerte Sorten: 'Alkmene, 'Nela', 'Topaz', 'Ananasrenette' oder die im Kapitel „Naschen auf Balkon und Terrasse", Seite 24, erwähnten Säulenäpfel.

Marille an der Hauswand

Selbst in höheren Lagen in Tirol und Salzburg gedeihen an überdachten Südost- oder Ostwänden der Bauernhäuser oder in Innenhöfen noch die herrlichsten Marillen! Der Schutz der Mauern macht das raue Klima wett, der Dachvorsprung schützt vor zu viel Feuchtigkeit. Die Marille ist vor allem vor Feuchtigkeit zu schützen, da sie sonst allzu leicht die gefürchtete Pilzkrankheit Monilia oder Bakterienbrand bekommt.

Die Bäume brauchen ein Spaliergerüst, meist aus Holz (siehe oben).

Marille, Aprikose *(Prunus armeniaca)*

Die Marille wurde von Alexander dem Großen aus China nach Mitteleuropa gebracht. Durch ihre zeitige Blüte ist sie ein erster Frühlingsbote, die orangeroten aromatischen Früchte sind sehr gesund. Die Hunzas, ein Bergvolk in Nordpakistan, leben in einer Höhe von 2.000 m und verdanken ihre Gesundheit nicht zuletzt den getrockneten Marillen, ohne die sie die langen Winter kaum überleben könnten.

Kultur Da Marillen sehr wärmeliebend sind und empfindlich auf Spätfröste reagieren, ist eine geschützte Hauswand der geeignete Standort. Gepflanzt werden Marillen am besten im Herbst (Oktober bis November) oder im Frühling (Februar bis März) in locker-humose Erde. Beim Kauf eines Spindel-Marillenbaumes sollte er eine einjährige Veredelung mit drei bis sechs vorzeitigen Trieben in einer Höhe ab 60 cm sein. Diese Triebe werden beim Pflanzschnitt um ein Drittel eingekürzt, der Mitteltrieb wird ca. 60 cm oberhalb der obersten Verzweigungsstelle abgeschnitten. Die Veredelungsstelle soll nicht unter 10 cm, bei feuchten Böden 20 cm über dem Boden sein.

Die spätfrostgefährdete Marille gedeiht an geschützten Hausmauern an einem Gerüst am besten.

Im August kann man steil stehende Triebe mit Klammern oder Schnüren waagrecht ans Gerüst binden. Trieben, die länger als 50 cm sind, entfernt man die Spitze. Grundsätzlich sollte der Baum mit einem starken Blütenknospenüberschuss in die nächste Blüte gehen, damit bei tiefen Temperaturen zur Blütezeit immer noch 10 bis 20 Prozent Blüten verbleiben und einen gesicherten Ertrag liefern. Wenn keine starken Fröste mehr auftreten, soll man die Jungfrüchte bei starkem Behang möglichst früh (Mai) mittels Schnitt oder Abpflücken ausdünnen, um gute Fruchtqualität zu erreichen. Geerntet werden die meisten Sorten ab Ende Juni bis August (höhere Lagen).

SCHNITT Im Allgemeinen reagieren Marillen auf den Schnitt eher empfindlich, jede Schnittwunde ist eine Eintrittspforte für Pilzkrankheiten. Kranke oder tote Zweige können und sollen jederzeit entfernt werden, ein richtiger Rückschnitt erfolgt nur Ende Juli/Anfang August. Am besten werden Marillenbäume bald nach der Ernte grob geschnitten, nach der Blüte, wenn wir wissen, wie viele Früchte zu erwarten sind, wird der Baum ein zweites Mal korrigiert.

FROSTSCHUTZ Um das Reißen der Rinde an sonnigen Wintertagen nach klaren Frostnächten zu verhindern, ist ein Stammanstrich wichtig.

Marillen kurz vor der Ernte

Marillen wachsen im milden Weinbauklima am besten.

VERWENDUNG Frische Marillen enthalten die meisten Vitamine. Sie sind jedoch auch getrocknet ein besonders gesunder Genuss und ein Energiespender für zwischendurch. Als Kuchenbelag und für Marmeladen sind sie schon lange beliebt.

MARILLEN-VOLLWERTKUCHEN

Zutaten:

- 1,5 kg Marillen
- 200 g Butter
- 150 g Zucker
- 1 TL Vanillezucker
- etwas Backpulver
- 4 Eier
- 100 g Weizenmehl
- 100 g Vollkornmehl (Weizen oder Dinkel)
- 1 TL Zimt
- etwas geriebene Schale einer unbehandelten Zitrone

Zubereitung: Backrohr auf 160 °C vorheizen. Butter, Zucker, Vanillezucker, Zitronenschale und Zimt schaumig rühren. Eier nach und nach zugeben. Weizen- und Vollkornmehl mit Backpulver vermischen und langsam einrühren. Masse auf ein mit Backpapier ausgelegtes Blech streichen. Marillen waschen, halbieren, entkernen und auf dem Teig verteilen. Marillenkuchen im Rohr ca. 40 Minuten goldgelb backen.

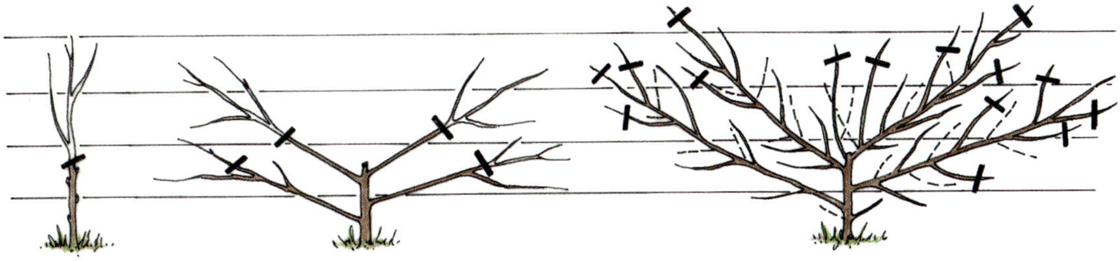

Formloses Pfirsich- oder Marillenspalier

Gesundheit Marillen enthalten viele Carotinoide, Mineral- und Ballaststoffe. Das ß-Carotin wirkt als Schutzstoff gegen im Körper entstehende freie Radikale, Kalium wirkt blutdrucksenkend und entwässernd, Vitamin B3 ist unerlässlich für den Energiestoffwechsel und reguliert den Feuchtigkeitsgehalt der Haut. Die in Marillen ebenfalls enthaltene Folsäure ist wichtig zur Bildung der roten Blutkörperchen. Der Eisengehalt ist überdurchschnittlich hoch, weshalb frische und getrocknete Marillen für Personen mit Eisenmangel sehr zu empfehlen sind.

TIPP **Um das Wachstum zu bremsen, die Verzweigung der Triebe zu fördern und die Knospen zu stärken, zwickt man im Mai die orangeroten Triebspitzen mit dem Daumennagel ab („Pinzieren"). Ebenso werden im Mai, in Jahren mit hohem Ertrag, ein Teil der Marillen ausgepflückt, um die Fruchtqualität und -größe zu steigern und die Baumgesundheit zu erhalten.**

Bewährte Sorten

- **'Klosterneuburger Marille':** orange mit roter Wange, groß, aromatisch süß, festfleischig, reif Mitte bis Ende Juli
- **'Ungarische Beste':** sehr ähnlich 'Klosterneuburger Marille', etwas frostempfindlich
- **'Kremser Rosenmarille':** orange mit roter Wange, mittelgroß, mäßig aromatisch, festfleischig, spätreif: Ende Juli bis Anfang August, daher sehr ertragssicher
- **'Harlayne':** reift Ende Juli
- **'Bergeron':** reift Anfang bis Mitte August. Massenträger, daher Früchte rechtzeitig reduzieren!
- **'Tiroler Spätblüher':** aromatische Früchte, ertragssicher, reift Ende Juli

Quittenspalier

Echte Quitte *(Cydonia oblonga)*

Die Quitte gehört zu den ältesten Obstarten, sie wurde schon von den Römern kultiviert. Die großen, weiß-rosa Blüten sind sehr attraktiv, im Herbst leuchten die gelben Früchte schon von Weitem.

Kultur Da Quitten an den Boden kaum Ansprüche stellen (nur auf sehr kalkreichen, staunassen Böden können sie Chlorosen, also gelbe Blattverfärbungen bekommen) und sich sehr gut durch Schnitt formen lassen, eignen sie sich gut als Spalierobst. Der Schnitt erfolgt erst im Frühjahr, da das junge Holz frostempfindlich ist. Ende September bis Ende Oktober werden die Quitten, je nach Sorte, reif. Sobald die grüne Grundfarbe in leuchtendes Gelb umschlägt, sollten sie geerntet werden, da sie bei Vollreife

Quitten bringen leuchtendes Gelb in Obstarrangements.

gepflückt nicht mehr so lange lagerfähig sind (auch nimmt der Pektingehalt ab).

Gesundheit Der Vitamin-C-Gehalt der Quitten entspricht etwa dem des Apfels, jedoch ist der Pektin- und Gerbstoffgehalt besonders hoch. Die Schleimstoffe wirken entzündungshemmend und reizmildernd auf unsere Schleimhäute, die Pektine entgiften den Körper.

Weißdorn-Quitten-Konfekt

Zutaten:

- 1,2 kg Quitten
- 0,8 kg Weißdornfrüchte (oder Mehlbeere oder Essbare Eberesche)
- 2 kg Zucker
- 2 Zimtstangen

Zubereitung: Weißdornfrüchte mit 1 Zimtstange weich kochen, passieren. Quitten entkernen, mit 1 Zimtstange und etwas Wasser weich kochen und im Mixer zerkleinern. Fruchtmassen zusammenmischen, Zucker zugeben und unter ständigem Rühren 20 Minuten gut durchkochen lassen. Die Masse etwa 1 cm dick auf Pergamentpapier/Backpapier (vorher eventuell groben Rohrzucker aufstreuen) aufstreichen. Entweder an einem warmen Ort langsam trocknen lassen (3 bis 4 Wochen) oder im leicht geöffneten Backrohr bei 50 °C trocknen lassen. Ausstechen oder zerschneiden, eventuell mit Bitterschokolade verzieren.

Bitterstoffe sind im pelzartigen Flaum enthalten, der die Quitten umgibt. Reiben Sie Ihn vor der Verarbeitung gründlich mit einem groben Tuch oder einer Gemüsebürste ab.

Auswahl empfehlenswerter Sorten

Die etwa 200 Sorten werden in zwei Gruppen unterteilt: jene mit apfelförmigen Quitten mit trockenhartem, aber hocharomatischem Fruchtfleisch und jene mit birnenförmigen Früchten mit weicherem, steinzellenarmem Fruchtfleisch.

- **'Cydora robusta':** Neuzüchtung aus Geisenheim, sehr robust, auch gegen Feuerbrand und Mehltau, birnenförmige mittelgroße Frucht, reif im Oktober, hoher Ertrag, mittelstarker, buschiger Wuchs, Verwertung: für Gelee, Kompotte, Marmeladen, Schnaps, Likör
- **'Konstantinopler Apfelquitte':** Mittelgroße, stark befilzte Früchte mit hartem, trockenen Fruchtfleisch, mittlere Erträge, mittelstarker Wuchs
- **'Vranja':** Birnenquitte: große Früchte mit hohem Zuckergehalt, für Schnapsproduktion, frostempfindlich
- **'Ronda':** rundliche, birnenförmige Quitte mit hohen Erträgen und guter Fruchtqualität
- **'Riesenquitte Mammut':** hartes, trockenes Fruchtfleisch, große leuchtend gelbe Früchte, aufrechter, baumförmiger Wuchs

Beerenlabyrinthe und Naschhecken

Himbeeren und Johannisbeeren eignen sich als Sträucher vorzüglich zur Gestaltung von Labyrinthen und Naschinseln. Sie stellen ein Gestaltungselement im Garten dar, das nicht nur Kinder anzieht. Höhere Naschhecken können an Grundstücksgrenzen sowohl als Sichtschutz dienen, als auch bei entspannter Nachbarbeziehung zu gemeinsamem Naschen einladen. Besonders naturnah gestaltete Gärten enthalten Wildobsthecken, die der heimischen Tierwelt vielfältigen Lebensraum bieten.

Ökologie Der Wert von Wildobsthecken: Zum Beispiel dient der heimische Weißdorn, dessen Früchte auch für uns genießbar sind, 198 Insektenarten, davon 91 Schmetterlingsarten, als Nahrungsquelle, bei der Schlehe sind es sogar 205 Insektenarten, davon 141 Schmetterlingsarten! Die Vogelbeere oder Eberesche dient 63 Vogelarten, 31 Säugetierarten als Nahrung, die Haselnuss bietet 134 Insektenarten, 10 Vogelarten und 33 Säugetierarten Nahrung.

Beerenlabyrinth, Naschinseln – „Hecken zum Verstecken"

Da Kinder nicht nur gerne Naschen, sondern auch Labyrinthe und Verstecke lieben, ist der Fantasie bei der Anlage von Beerenlabyrinthen und Naschinseln keine Grenze gesetzt. Da Himbeeren eine Mulchdecke benötigen, ist ein einfacher Holzhäckselweg der ideale Zugang zum Zentrum solcher Labyrinthe oder Spiralen. Gepflanzt werden vor allem relativ stachelarme Himbeeren, Johannisbeeren oder Jostabeeren (Kreuzung zwischen Johannisbeere und Stachelbeere: keine Stacheln, sehr robust). Diese werden im Abstand von ca. 50 cm spiralförmig entlang einer vorgezeichneten Linie (Sand, Asche ...) in durchlässige, humose Erde gepflanzt und die Triebe entlang eines Drahtgitters aufgebunden. Die Pflanzen werden mit Kompost versorgt, alles mit Gras- oder Häckselmulch abgedeckt. Gießen nicht vergessen!

Himbeere (Rubus idaeus)

Kultur und Pflege Neben den Erdbeeren sind sicher Himbeeren die süßen, roten Früchte der Kindheit, die als Naschfrüchte, die im Vorübergehen gekostet werden, in Erinnerung bleiben. Auch sie finden in jedem Gärtchen Platz und sei

Himbeerspirale

es nur in einem größeren Topf am Balkon! Alle 50 cm können die Ruten gesetzt werde, ein Drahtgerüst zum Aufbinden der Triebe ist erforderlich. Der Boden sollte humusreich und durchlässig sein, eine Mulchauflage (Gras, Laub, Kompost, Strauchhäcksel ...) fördert das Wachstum und die Fruchtbildung und schützt vor Austrocknung und „versauert" kalkhaltige Böden. Alte, holzige Triebe sind, sobald sie abgetragen haben, im Herbst bodennah abzuschneiden. Zu dicht stehende Jungtriebe werden während der Saison ausgelichtet, damit die Pflanzen rascher abtrocknen können und mehr Sonne zu den Früchten kommt. Frühere Sorten sind durch Viruskrankheiten, die durch Blattläuse und Zikaden übertragen werden, sehr geschwächt worden. Nun gibt es aber viele virustolerante oder resistente Sorten, wie z. B. die Sommerhimbeere 'Meeker', 'Willamette' (robust, frühreif, kleinere, gut schmeckende Früchte) und 'Tulameen' (wenig bestachelt, große, feste, wohlschmeckende Früchte, frosthart). Die zweimal tragenden oder Herbsthimbeeren sind besonders in wärmeren Regionen zu empfehlen, wo die Fröste erst kurz vor Weihnachten auftreten und somit die Ernte bis in den späten Herbst hinein verlängert werden kann. Da die Herbsthimbeeren nach der Ernte bodennah geschnitten werden, muss nicht aufgebunden werden, was die Arbeit sehr erleichtert.

Empfehlenswerte Herbsthimbeersorten

- **'Autumn Bliss':** zweimaltragend, robust, große mittel- bis dunkelrote, feste, sehr aromatische Früchte, reif Anfang August bis Frostbeginn, starkwüchsig, aufrecht wachsend (einfaches Drahtgerüst)
- **'Polka':** ähnlich wie 'Autumn Bliss', etwas größere Früchte, Pflege wie vorige: entweder kompletter Rückschnitt im Winter oder einige einjährige Trieb belassen. Auch Sommerernte ist möglich
- **'Himbo-Top':** hohe Erträge, spätreif, große, leicht zapfenlösliche aromatische Früchte, kräftig wachsend

Es gibt auch gelbe und schwarzfruchtige Himbeeren:

- **'Black Juwel':** runde, schwarze Beeren, sehr guter Geschmack, starke Ruten
- **'Schwarze Glänzende':** schwarze, aromatische Früchte; 2 m hoch, Ranken bis 5 m lang
- **'Goldmarie':** gelbfruchtig, sehr groß und aromatisch; zweimaltragend, 1,5 m hoch
- **'Grosse Orange':** Sämling von 'Goldmarie', orange Früchte

Beerensuppe mit Mascarponecreme

Zutaten für 4 Portionen:

- 500 g Himbeeren
- 250 g Erdbeeren
- 150 g Heidelbeeren
- 150 g Johannisbeeren
- 1–2 EL Honig (30–50 g)
- 100 ml Sekt zum Marinieren
- 200 ml Sekt zum Aufgießen der Suppe

Creme:

- 150 g Mascarpone
- 150 g Quark
- 50 g Joghurt
- 50 g Honig
- 1 Spritzer Zitronensaft
- $\frac{1}{4}$ TL Naturvanille

Zubereitung: Die Hälfte der Himbeeren pürieren, eventuell wenig Sekt zugeben und durch ein Sieb passieren. Erdbeeren eventuell halbieren oder vierteln, mit anderen Beeren mischen. Honig in Himbeermark und Sekt auflösen, Beeren darin marinieren. Mascarpone mit Quark, Joghurt, Honig, Zitronensaft und Vanille glatt rühren und abschmecken. Beerensuppe in tiefen Tellern anrichten, Mascarponecreme mit Spritzbeutel darauf dressieren, mit Pfefferminzblättchen garnieren und kurz vor dem Servieren den restlichen

Sekt in die Beerensuppe gießen. Für Kinder: Sekt weglassen, als Alternative Limonade verwenden.

Kornelkirschen-Labyrinth und Kornelkirschen-Tunnel

Auch aus Kornelkirschen-Sträuchern kann, ähnlich wie das Buschhaus, ein größeres, höheres Labyrinth gestaltet werden. Dafür markiert man (mit Asche, Sand oder Sägemehl) eine Spirale von etwa 7 bis 10 m Außendurchmesser und pflanzt die Sträucher entlang der vorgezeichneten Linie im Abstand von ca. 75 cm. Ein Bereich, der zum Eingang wird, wird nicht bepflanzt. Dieses Labyrinth braucht sehr viel Platz.

Weniger aufwändig ist die Pflanzung eines Tunnels oder Durchganges aus Kornelkirschen: Man markiert einen Halbkreis von 3 m Durchmesser und einen zweiten Halbkreis mit 5 m Durchmesser außen herum und setzt entlang dieser Linien die Sträucher. In wenigen Jahren wachsen die Äste zusammen (unterste Äste werden im Frühling entfernt) und bilden so einen Tunnel, der schön blüht, durch den Kinder gerne laufen oder sich darin verstecken und in dem man heimlich naschen kann.

Empfehlenswerte Sorten

- **'Jolico':** österreichische Selektion, sehr große Früchte
- **'Kasanlaker':** bulgarische Selektion, sehr große Früchte

Die Kornelkirsche beeindruckt durch ihre frühe Blüte, die Früchte sind oft unter den Blättern versteckt.

Kornelkirsche, Dirndlstrauch, Gelber Hartriegel *(Cornus mas)*

Dieser Strauch, lässt sich gut schneiden und stellt an den Boden keine großen Ansprüche. Er kommt von Mitteleuropa bis Kleinasien und auch in Österreich an warmen, eher trockenen Hängen natürlich vor und ist daher trockenheitsresistent, frosthart und sehr robust (keine Krankheiten). Durch seine hübsche, gelbe Blüte im Vorfrühling ist er nicht nur sehr dekorativ, sondern auch eine wichtige Bienenweide.

Durch Züchtung sind einige sehr gute Sorten mit großen Früchten entstanden, die eine wesentlich ergiebigere und geschmacklich verbesserte Ernte erlauben. Geerntet wird im September, wenn die Früchte dunkelrot und weich werden.

Kornelkirschentunnel

Kornelkirschen-Marmelade

Wer herbe Marmeladen liebt, wird diese zu seiner Lieblingsmarmelade küren!

Zutaten:

- 1 kg Kornelkirschen (vollreif, nicht entkernt)
- 500 g Gelierzucker
- 2 EL Wasser

Zubereitung: Kornelkirschen vollreif ernten, eventuell waschen und sofort verarbeiten. Die nicht entkernten Früchte mit 2 EL Wasser und der Hälfte des Gelierzuckers unter ständigem Umrühren kurz aufkochen lassen. Dann die Fruchtmasse durch ein Küchensieb (oder „Flotte Lotte") drücken, die Kerne bleiben zurück. Die Masse mit dem restlichen Zucker noch fünf bis acht Minuten aufkochen und heiß in Gläser füllen.

TIPP **Kornelkirschen-Marmelade ist eine hervorragende Fülle für Kuchen oder Palatschinken.**

Wildobstfrüchte lassen sich vielseitig verwenden.

Rote Grütze

Zutaten:

- 250 g Erdbeeren
- 250 g frische Kirschen
- 250 g Johannisbeeren
- 125 g Schwarze Johannisbeeren
- 125 g Himbeeren
- 60 g Speisestärke
- 250 g Zucker
- 300 g Vanilleeis
- 10 g gehackte Pistazien

Zubereitung: Für die rote Grütze zunächst Rote und Schwarze Johannisbeeren sowie die Himbeeren waschen und von den Stielen befreien. Das vorbereitete Obst mit einem halben Liter Wasser aufkochen und dann vom Herd nehmen. Den Saft noch etwas ziehen lassen. Inzwischen Kirschen waschen, halbieren und die Kerne entfernen. Erdbeeren waschen und halbieren oder vierteln. Nun den Saft der Johannisbeeren durch ein Sieb in einen Messbecher gießen und die Fruchtmasse gut durchstreichen. Den Saft mit etwas Wasser auf 1 Liter auffüllen. Etwas Saft zum Anrühren für die Speisestärke abnehmen. Den Saft zusammen mit dem Zucker erneut aufkochen und mit der kalt angerührten Speisestärke andicken. Die Kirschen und Erdbeeren vorsichtig unterheben und die rote Grütze in eine Glasschüssel umfüllen. Damit sich keine Haut bildet, noch etwas mit Zucker bestreuen. Die Rote Grütze bis zum Servieren in den Kühlschrank stellen. Sie dickt noch etwas nach, wenn sie kalt ist. Rote Grütze mit Vanilleeis auf Tellern anrichten und mit Pistazien bestreut servieren.

Kornelkirschen schmecken süß-sauer und eignen sich hervorragend für Marmeladen.

Naschhecken

Entlang von Grundstücksgrenzen und Zäunen können nicht nur Blütenhecken, sondern auch Naschhecken gepflanzt werden. Bewährte Naschhecken aus Himbeeren, Brombeeren, Johannisbeeren, Josta- und Stachelbeeren sind meist nicht sehr hoch (Halbsträucher) und eignen sich vorzüglich zum gemeinsamen Naschen mit den Nachbarn, weniger als Sichtschutz. Aus Haselnuss und Holler, kombiniert mit vielen anderen Wildobstarten, können auch hohe Sicht- und Windschutzhecken entstehen. Besonders dichte Hecken erhält man durch die Pflanzung im Dreiecksverband oder durch zweireihige Hecken, wobei kleinwüchsigere vor die hochwüchsigen Sträucher gesetzt werden.

Eintriebige Spaliersträucher: Johannisbeere, Stachelbeere

Niedrige Naschhecke für Kinder

Als Zaun oder entlang des Zaunes zum gemeinschaftlichen Naschen mit dem Nachbarn: Rote und Weiße Johannisbeere, Schwarze Johannisbeere, Himbeere und Stachelbeere können an Pflöcken und Drähten erfolgreich auch auf engem Raum gezogen werden.

Soll die Hecke möglichst schmal bleiben und sollen möglichst viele Pflanzen auf kleinstem Raum gezogen werden, ist die Pflanzung und Erziehung zum eintriebigen Beerenspalier am geeignetsten. Geeignete Obstarten sind Rote und Weiße Johannisbeere und Stachelbeere. Der Pflanzabstand beträgt hier 0,30 bis 0,50 m.

Beim Pflanzen bindet man jede Pflanze an einen etwa 120 cm langen Stab, den man mit den anderen Stützstäben mithilfe von ein oder zwei Drähten verbindet. Die Pflanzen werden eintriebig erzogen, d.h. man wählt einen starken, gesunden Trieb aus und schneidet alle anderen am Wurzelhals ab. Die aussortierten Äste können als Steckhölzer im Frühling in die Erde gesteckt werden. Es gilt nun in den ersten zwei Jahren den Haupt-

Naschhecke für Kinder: gemeinsames Naschen über den Zaun

Waagrechter Kordon

Die Spindelhecke kann auch als waagrechter Kordon gezogen werden. Diese Methode eignet sich vor allem für starkwachsende Sorten der Roten und Weißen Johannisbeere. Dafür zieht man einen Trieb bis zur Länge von 70 bis 90 cm in die Höhe und hält Seitentriebe stets kurz. Zwei Jahre nach der Pflanzung kappt man im Herbst den Stamm auf der gewünschten Höhe und zieht dann im Frühjahr zwei gegenüberliegende Seitentriebe auf einem waagrecht gespannten Draht. Aus diesen soll künftig nur kurzes Fruchtholz treiben.

trieb zu stärken, indem man alle Basistriebe entfernt. Um die Verzweigung der Spitze zu verhindern, bricht man an der Spitze des Leittriebes drei bis vier Konkurrenztriebe aus, entfernt auf der übrigen Länge überflüssige Seitenäste und kürzt lange ein. Zwischen übereinanderliegenden Seitentrieben sollten 15 bis 20 cm Raum bleiben, damit die reifenden Beerentrauben nicht aufliegen. Werden in den Folgejahren die Seitentriebe regelmäßig eingekürzt und die Bodentriebe entfernt, setzt die Spindel zuverlässig kurzes, waagrechtes Fruchtholz an.

Drei-Ast-Hecke, Fächer:

Am gebräuchlichsten ist aber die Erziehung als Drei-Ast-Hecke, die sich auch für Stachelbeeren eignet. Dazu schlägt man Pflöcke im Abstand von 4 bis 5 m ein und spannt Drähte auf drei Ebenen: in 40 cm, 80 cm und 120 cm Höhe. Der Pflanzabstand beträgt 1 bis 1,5 m. Rote und Weiße Johannisbeere tragen vor allem am zwei- und dreijährigen Holz, daher belässt man immer drei Leittriebe. Diese bindet man im Winkel von etwa 45 ° an die Drähte. Alle Seitenknospen unterhalb des ersten Drahtes werden entfernt, ebenso die obersten drei bis vier Konkurrenzknospen. Im Herbst nach der ersten kleinen Ernte schneidet man alle langen, nach oben wachsenden Seitenäste bis auf einen kleinen Stummel zurück, aus dem im Frühling waagrechtes Fruchtholz treibt. Bei Schwarzer Johannisbeere und Himbeere tragen die größten und besten Früchte am ein- und zweijährigen Holz, daher lässt man ständig neue Bodentriebe nachwachsen und entfernt die abgetragenen nach spätestens zwei Jahren.

Besonders für Stachelbeeren hat die Erziehung entlang des Spaliers viele Vorteile: die Früchte werden größer und man kann sie ernten, ohne sich zu zerkratzen! Allerdings sollte man für Stachelbeeren fünf Drähte im Abstand von 25 cm, in Höhe von 25 cm, 50 cm, 75 cm, 125 cm und 150 cm spannen, da sie sehr langsam wachsen.

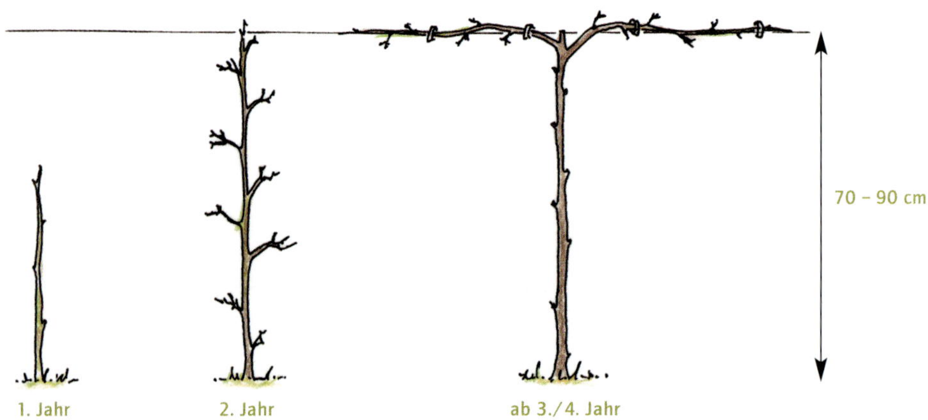

Beerensträucher als waagrechter Kordon erzogen

Empfehlenswerte Sorten für Spindel- oder Drei-Ast-Hecken

- **'Tixia':** rot
- **'Pax':** rot, großfruchtig, hoher Ertrag, leicht behaart, kaum bedornt!
- **'Rolonda':** rot, kleinere, glatte geschmackvoll-aromatische Früchte, spät, wenig mehltauanfällig
- **'Invicta':** gelbgrün, sehr früh, sehr ertragreich, wenig mehltauanfällig, starkwüchsig, stark bedornt

Stachelbeeren stärken Herz und Kreislauf.

Im Spätherbst lichtet man Seitentriebe, die zu dicht oder kreuz und quer stehen aus, den Jahreszuwachs der Leittriebe kürzt man um ein Drittel ein. Die rechtzeitige Nachzucht junger Bodentriebe als neue Leittriebe verhindert das vorzeitige Vergreisen dieser Spaliere.

STACHELBEERE *(Ribes uva-crispa)*

Die Stachelbeere ist ähnlich der Johannisbeere wenig anspruchsvoll und gedeiht auch im Halbschatten und auf schweren Böden. Da sie sehr zeitig blüht, ist sie spätfrostgefährdet. Sie liebt nährstoffreiche, eher feuchte (aber keine staunassen!) Böden. Im Garten kommen nur mehltauresistente Sorten infrage. Nach ihrer Fruchtfarbe werden die zahlreichen Sorten in rote, gelbe und grüne Sorten eingeteilt.

GESUNDHEIT Durch ihren hohen Vitamin- und Mineralstoffgehalt wirkt sie blutreinigend, rheumalindernd und herz- und kreislauffördernd.

JOSTABEERE *(Ribes × nidigrolaria)*

Die Jostabeere ist (vereinfacht) eine Kreuzung zwischen schwarzer Johannisbeere und Stachelbeere, die durch ihre Robustheit, Raschwüchsigkeit, die guten Erträge und leichte Vermehrbarkeit besticht. Vor allem für Kompotte und Marmeladen ist sie hervorragend geeignet. Steckhölzer (beim Rückschnitt gewonnen) bewurzeln sich sehr leicht und bringen bereits im ersten Jahr einige Früchte.

Höhere Naschhecke als Sichtschutz

An Grundstücksgrenzen oder an Terrassen kann man mit Kornelkirschen, Felsenbirnen oder Berberitze (wird nicht sehr hoch und ist sehr stachelig), Hundsrosen und anderen Wildrosen eine naschbare Sichtschutzhecke ziehen. Der Pflanzabstand beträgt 1 bis 1,5 m, die Wuchshöhe kann je nach Bedarf bei 1,5 bis 3 m begrenzt werden. Der Schnitt erfolgt im Spätwinter (Februar/März), nach oben hin verschmälert, wenn man sie in der Höhe begrenzen will. Ein Erhaltungs- bzw. Verjüngungsschnitt ist nur alle vier bis fünf Jahre nötig, indem man die ältesten, am stärksten verholzten Triebe an der Basis entfernt.

Dichte Sichtschutzhecke: Haselhecke

Im Halbschatten/Schatten gedeihen Haselnusssträucher gut, sie sind sehr problemlose und pflegeleichte Heckenpflanzen. Haselsträucher sind sehr frosthart und gedeihen bis auf 1.600 m Seehöhe. Als Flachwurzler bevorzugen sie leicht feuchte, humose Böden, auf trockenen Sandböden kümmern sie. Die Wurzeln sind allerdings gegen Salz und Bodenverdichtung empfindlich. Krankheiten und Schädlinge gibt es (außer dem Haselnussbohrer) keine.

Sie bilden dichte, bis zu 6 m hohe Hecken, können aber durch Schnitt leicht niedriger gehalten werden. Die Haselnuss verträgt sogar einen Totalrückschnitt: „Auf Stock setzen" heißt diese Form der Heckenverjüngung in der Landwirtschaft. Dazu werden im Herbst alle Triebe auf 30 bis 50 cm zurückgeschnitten. Im nächsten Jahr werden nur die stärksten Triebe, die man für den Neuaufbau braucht, belassen. Im Hausgarten wird dieser radikale Schnitt aber nur bei völlig verkahlten, durch Überalterung unansehnlich gewordenen Sträuchern durchgeführt. Für guten Ertrag sollte die Haselnuss allerdings regelmäßig alle zwei bis drei Jahre mit einem sanften Verjüngungsschnitt gepflegt werden. Zu dichte, alte Äste, die eine Lichtdurchflutung behindern, werden entfernt. Gedüngt wird mit Kompost, Grasmulch oder Laubhumus alle zwei bis drei Jahre.

Empfehlenswerte Sorten

- **'Hallesche Riesennuss':** robust, sehr große Nüsse, ertragreich, starkwüchsig
- **'Rote Zellernuss':** rotblättrig
- **'Bergers Zellernuss'**

HASELNUSS *(Corylus avellana)*

Die gewöhnliche Haselnuss gehört zu den Birkengewächsen, ihre Heimat ist Europa und Ostasien.

Haselnüsse sind reif, sobald die Schale braun wird und sie leicht aus den Fruchthüllen fallen.

Sie ist durch ihre sehr frühe Blüte (Februar, März, vor den Blättern!) ein Bote des Vorfrühlings, leider auch der Beginn der Leiden für Pollenallergiker. Die Pollen sind allerdings auch bei den Bienen beliebt, so ist die Hasel (neben der Weide) eine wichtige Bienenpflanze im Vorfrühling. Sie hat wie die Walnuss männliche „Kätzchen" und unscheinbare weibliche Blüten auf einer Pflanze. Da Haselnüsse selbstunfruchtbar sind, müssen mindestens zwei Sträucher im Garten gepflanzt werden. Die günstigste Pflanzzeit ist der Herbst, Pflanzabstand: 3 bis 4 m. Die Nüsse sind reif, sobald sie sich die Schale braun färbt und sie sich leicht aus der grünen oder rötlichen, blattartigen Fruchthülle lösen lässt.

TIPP **Mischt man fein gemahlene Haselnüsse mit Honig und etwas geriebener Zartbitterschokolade, erhält man einen köstlichen Brotaufstrich, der gesünder als jede gekaufte Nuss-Nougat-Creme ist.**

Lagerung: Nach der Ernte breitet man sie zwei bis drei Wochen an einem trockenen, luftigen Platz flach aus, danach kommen sie in einen Stoffsack. Man bewahrt sie kühl und trocken bis zu zwölf Monaten auf.

Das Haselholz mit seinen langen, stabilen Ruten ist sehr beliebt als Baumstütze, Flechtzaun oder als Pflock zum Hochbinden von Stauden.

Gesundheit Neben dem hohen Fettgehalt (etwa 60 Prozent, vor allem ungesättigte Ölsäuren) beinhalten Haselnüsse viel Kalzium und Eisen sowie Vitamin A, B1, B2 und C. Der hohe Vitamin-B-Gehalt macht sie zum „Nervenfutter", das die Konzentrations- und Leistungsfähigkeit fördert. Ihr Genuss regt auch die Darmfunktion an und ist gut für Haut und Muskulatur. Haselnussöl ist das ideale Hautpflegemittel für trockene und empfindlicher Haut. Es verzögert die Hautalterung, glättet und regeneriert. Bei Sodbrennen helfen zwei Haselnüsse, die im Mund zu Brei gekaut werden.

Hohe, dichte Sicht- und Windschutzhecke aus Obstgehölzen

Sollen dichte, hohe Hecken entstehen, die auch einen effektiven Windschutz darstellen, sollte man (wenn möglich) zweireihig pflanzen. Ist das aufgrund der Platzverhältnisse nicht möglich, kann zumindest im „Dreierverband" gepflanzt werden. Die wüchsigeren (Wild-)Obstgehölze wie Essbare Eberesche, Mispel, Speierling, Holunder, Kornelkirsche, Haselnuss und Quitte können entlang des Zaunes im Abstand von 2,5 bis 3 m gesetzt wer-

Die wichtigsten Wildsträucher und ihre Verwendungsmöglichkeiten

Wildstrauch	Ernte-Rohgenuss	Haltbarmachung/ Verarbeitung	Besonderheiten
Berberitze	rote Beeren, ab September, besser nach Frost	trocknen, Konfitüre, Saft, „Saure Drops"	sehr vitaminreich, gute Bienenweide, attraktive Herbstfärbung
Eberesche	rote Beeren, ab September, besser nach Frost	trocknen, Konfitüre, Mus, Saft, Schnaps	sehr vitaminreich, hoher Zierwert, Herbstfärbung, Winternahrung für Vögel
Gemeine Felsenbirne	kleine rot-blauschwarze, süße Beeren, ab Juni, Geschmack ähnlich Heidelbeere, guter Rohgenuss	trocknen, Konfitüre, Kompott, Saft	eher trockener Boden, sehr hoher Zierwert, Herbstfärbung, robust
Wildrosen/ Hagebutte	rote Hagebutten, nach Frost	trocknen, Konfitüre, Tee, Likör	sehr vitaminreich, Vogelnistgehölz, Unterschlupf für Säuger
Kornelkirsche/ Dirndl	große, rote, längliche Früchte, ab September, roh gut, aber sauer-herb	trocknen, Konfitüre, Schnaps	reich an Pektin, vitaminreich, Bienengehölz
Mispel/Asperl	runde, braune Frucht, nach Frost weich und genießbar	Konfitüre, Kompott, Mus	gute Bienenweide, Zierwert
Sanddorn	runde, orange Früchte, ab August/September reif, Rohgenuss	trocknen, Konfitüre, Gelee, Saft, Likör	vitaminreich, männliche und weibliche Pflanzen!
Schlehe	blaue Beeren, reif nach Frost	trocknen, Konfitüre, Mus, Likör	sehr viel Vitamin C, Ausläufer
Schwarzer Holunder	Blüten im Mai, schwarze Beeren im August/ September, nur gekocht genießbar	Blüten: frisch, Sirup,Tee trocknen, Konfitüre (Mischung), Kompott/ Röster, Saft, Likör	sehr vitaminreich, sehr robust, eher nährstoffreich, wichtigstes Vogel- und Insektengehölz
Weißdorn	rote Früchte im September, mehlig-fad	Als Mischfrucht zu Konfitüre, Gelee, Wein	pektinreich, wichtigstes Vogel- und Insektengehölz, feuerbrandgefährdet

den. Davor, jeweils in die Lücke dazwischen, etwas kleinwüchsigere Arten wie Felsenbirne, Wildrosen oder Apfelbeere. Besonders dichte Hecken erhält man durch die Pflanzung im Dreiecksverband oder durch zweireihige Hecken, wobei kleinwüchsigere vor die hochwüchsigen Sträucher gesetzt werden.

Spezielle Holundersorten und ihre Verwendung

Aufgrund der einheitlichen Fruchtreife, den größeren Dolden und günstigen Inhaltsstoffen sollten nicht verrieselnde Sorten wie die weit verbreitete 'Haschberg' (Reife Anfang bis Mitte September), 'Mammut' (Anfang September) und die bereits Mitte bis Ende August reifenden dänischen Sorten wie 'Samyl', 'Sampo', 'Samdal' gepflanzt werden. Hingegen rieselt 'Riese aus Vossloch' stark – seine supergroßen Blüten eignen sich jedoch besonders für die Blütenverwendung.
Es gibt auch Ziersorten mit weißen oder gelben Blatträndern ('Variegata'). Sie sind für die Fruchtproduktion bedeutungslos, können aber wie die Früchte der rotlaubigen und rot blühenden Ziersorten, wie 'Black Beauty' oder 'Black Lace' (geschlitztblättrig), verwendet werden.

Holunderbeeren sind auch bei unseren Singvögeln sehr beliebt.

Holunder, Holler *(Sambucus nigra)*

Der Holunder oder Holler ist eine uralte Heilpflanze, die in keinem Garten fehlen sollte. Nicht gerade über dem Sitzplatz, da die Beeren sehr stark färben, aber als Bestandteil einer höheren Hecke ist der Holunder nicht nur ein ökologisch sehr wertvolles Gehölz, aus den Blüten oder Früchten können auch herrliche Speisen kreiert werden.

Standort Holunder ist robust und hat geringe Ansprüche an Boden oder Klima, wobei ihm höchstens zu trockenes, heißes Klima nicht mehr sehr zusagt. Er gilt als Nährstoffanzeiger, d.h., dass er karge Böden nicht schätzt. Auf ca. 3 m Höhe lässt er sich als Stämmchenform (Erziehung: ein Haupttrieb, diesen aufputzen auf 1 m, Anschnitt in 1,20 m) halten. Aus der Krone werden im Winter die abgetragenen Ruten geschnitten; die einjährigen Triebe, die nicht eingekürzt werden, fruchten im zweiten Jahr.

Nutzung Aus den duftenden Blüten lässt sich Hollersirup oder -sekt herstellen, in Bierteig getaucht und herausgebraten werden sie wunderbare Hollerstrauben. Die getrockneten Blüten sind im Winter ein hilfreicher Tee gegen Erkältungskrankheiten. Im September werden die schwarzen Beeren reif, die jedoch nur gekocht verzehrt werden. Rohe Beeren können Durchfall und Erbrechen hervorrufen, da sie den Giftstoff Sambunigrin enthalten. Dieser wird durch Erhitzen oder Vergärung (Schnaps!) zerstört. Die Früchte werden zu Saft, Gelee (beides oft in Mischform mit Apfel oder Birne), Wein, Likör und Edelbrand verarbeitet. Die Beeren können auch eingefroren und später weiterverarbeitet werden. In der Industrie wird er als natürlicher Farbstoff verwendet. Aus den Ästen lassen sich Hollerpfeiferl schnitzen.

Gesundheit Flavonoide sind Inhaltsstoffe mit antiviraler und antimikrobieller Wirkung, außerdem enthält Holunder Schleimstoffe, die reizmildernd wirken und Glykoside mit schweißtreibender Wirkung sowie Gerbstoffe, die Magen und Darm beruhigen.

Mispeln werden erst nach dem ersten Frost geerntet.

ÖKOLOGIE Der Holunderstrauch wird von etwa 62 Vogelarten als Nahrungsquelle genutzt!

Wildobsthecken: Einladung für Mensch und Tier

Wildobsthecken bilden nicht nur ein Refugium für Nützlinge wie den Igel, es nisten darin viele Vögel, zahlreiche Insektenarten besuchen am liebsten Weißdorn, Schlehe und Holunder. Von den Beeren leben zahlreiche Vogel- und Säugetierarten. Auch der Mensch kann das Wildobst vielseitig verwenden und verarbeiten.

Aus Mispel, Hundsrose (Hagebutte), Schlehen, Weißdorn, Schwarzem Holunder, Felsenbirne, Essbarer Eberesche und Speierling werden köstliche Marmeladen, Kompotte, Liköre und Schnäpse hergestellt.

MISPEL *(Mespilus germanica)*

Die Mispel oder Asperl kam wahrscheinlich mit den Römern aus dem Kaukasus nach Mitteleuropa. Sie ist sowohl als Einzelgehölz als auch in Hecken attraktiv und nützlich.

Da die Mispel etwas wärmebedürftig ist, gedeiht sie am besten in geschützten Lagen. Dieser strauchartige Baum, der meist 3 m (max. 4 bis 5 m) hoch wird, blüht Ende Mai/Anfang Juni weiß bis cremefarben, daraus entwickeln sich rost- bis dunkelbraune, halbkugelige 3 bis 7 cm große Früchte (Reife: Mitte Oktober). Nach Frosteinwirkung oder vierwöchiger Lagerung können die dann teigig gewordenen Früchte roh verzehrt oder zu Gelee, Marmelade, Mus und Edelbrand verarbeitet werden.

Großfruchtige Sorten sind 'Nottingham', 'Holländische Großfrüchtige', 'Macrocarpa', 'Bredase Reus', 'Westerwald'.

MISPELMARMELADE

Zutaten:

- 1 kg Mispeln (vollreif)
- 400–500 g Gelierzucker
- ½ l Wasser

Zubereitung: Reife Früchte (wenn Fruchtfleisch teigig) mit so viel Wasser übergießen, dass sie gerade bedeckt sind, und aufkochen lassen. Die Masse durch ein Küchensieb streichen und so von den Kelchblättern, Kernen und Schalen befreien. Das feine Mus mit der halben Menge Gelierzucker (Mus : Zucker = 1 : 1) vermengen und einige Minuten aufkochen, heiß in vorbereitete Gläser füllen. Besonders gut für Weihnachtsbäckerei!

MISPEL-TOPFEN-SOUFFLÉ

Zutaten:

- 750 g Mispeln
- 3 Eier, getrennt
- 80 g Zucker oder Honig
- 750 g Magertopfen
- Fett für die Form
- ⅛ l Obers
- 4 EL Orangenlikör
- 100 g Mandelblättchen
- Salz

Zubereitung: Mispeln enthäuten, entkernen, grob zerkleinern. Eidotter mit Zucker cremig schlagen. Topfen und Obers einrühren. Mispeln, Likör und die Hälfte der Mandeln untermischen. Eiklar mit einer Prise Salz steif schlagen, unter die Masse heben und in eine gefettete Auflaufform füllen. Mit den restlichen Mandelblättchen bestreuen und im Rohr bei 180 °C ca. 25–30 Minuten goldbraun backen.

Wildrosen: Hundsrose *(Rosa canina)*
Apfelrose *(R. villosa)*
Essigrose *(R. gallica)*

Die Hagebutten bieten uns nicht nur schönen Fruchtschmuck. Ihre Inhaltsstoffe sind sehr gesund.

Die einmal blühenden und Hagebutten bildenden Wildrosenarten wie *Rosa dumalis, R. rugosa, R. villosa, R. canina, R. glauca* sind weitgehend robust und wünschen einen sonnigen Standort, mittelschwere und neutrale Böden. Sie wachsen strauchartig; alte Triebe müssen gelegentlich bodennah entfernt werden. Einige Arten neigen zur Ausläuferbildung.

Verwendung Die Blütenblätter werden zu Essenzen, Duftsäckchen oder Rosenbowle verwendet. Die sehr vitaminreichen Früchte, die Hagebutten, sind Grundlage für Tee, Mus, Konfitüre, Likör, Wein, Edelbrand und Geist. Wildrosen versorgen uns im Winter noch mit Früchten, die unsere Abwehrkräfte steigern. Dies verdanken wir ihrem hohen Gehalt an Vitaminen, Mineralstoffen und Spurenelementen. Hagebutten enthalten hauptsächlich Vitamin C, auch Vitamin B1, B2, E, K, P und H, Provitamin A, die Mineralstoffe Eisen, Magnesium, Natrium, Phosphor und Schwefel, außerdem Fruchtzucker und Fruchtsäuren, Pektin, ätherisches Öl sowie Gerb- und Schleimstoffe. Hagebutten zu Konfitüre und Spezialitäten zu verarbeiten, ist sehr aufwendig. Die Verarbeitung zu Tee jedoch ist mit einigen Tricks eine einfache Sache. Für Tee werden nur die Früchte der wilden Rose (Heckenrose) gesammelt. Für Konfitüre und Spezialitäten können im Spätherbst auch die großen, ergiebigeren Früchte von Zierstrauchrosen gepflückt werden. Bei Winterspaziergängen nach dem ersten Frost, im Dezember/Januar/Februar, sammelt man die weich gewordenen Früchte. Sind noch harte Früchte dabei, kann man sie in einen Plastiksack geben und diesen erst einmal für zwei Nächte in den Tiefkühler legen, wo sie durch die Kälte schön weich werden.

TIPP **Aus Wildrosenzweigen mit Hagebutten lassen sich verschiedenste Tischdekorationen oder Türkränze fertigen.**

Auch wegen ihrer bezaubernden Blüten sind Wildrosen immer öfter in unseren Gärten zu finden.

Gesundheit Vitamin- und mineralstoffreich, stärkend, immunsteigernd, harntreibend, stein- und harngrießtreibend, blutreinigend.

Hagebuttentee

Zubereitung: Die Hagebutte wird nach dem Entfernen der Staubbeutelreste leicht gequetscht oder halbiert. Die Samen und Haare werden ausgewaschen. Die Schalen ergeben den Hagebuttentee. Reiner Hagebuttentee wird kalt aufgesetzt, zum Kochen gebracht und vier bis fünf Minuten auf kleinem Feuer geköchelt.

Verwendung:

- Hagebuttentee (Fruchtschale und Kerne der Heckenrosen) zur Immunsteigerung
- bei Fieber und Grippe, als Durstlöscher, in winterlichen Teemischungen
- Selbst getrocknete Hagebutten mit gekauften Karkadeblüten *(Hibiscus sabdariffa*: auch Sabdariff-Eibisch, Sudan-Eibisch oder Karkade genannt, eine Art aus der Familie der Malvengewächse *[Malvaceae]*) mischen (rote Farbe, säuerlicher Geschmack)

Weissdorn *(Crataegus laevigata, C. monogyna)*

Schon lange ist der Weißdorn als mächtiger Heil- und Zauberbusch bekannt. Nach alten Überlieferungen soll die Dornenkrone Christi aus Weißdornruten geflochten und der Wanderstab von Josef aus Weißdornholz geschnitzt gewesen sein. Der Weißdorn blüht im Mai mit weißen Blütenwolken, gleichzeitig wachsen die drei- bis fünflappigen Blätter. Im September/ Oktober reifen die kugelförmigen, hängenden roten Beeren.

Da der Weißdorn zu den Rosengewächsen *(Rosaceae)* gehört, ist er sehr feuerbrandgefährdet. Das bedeutet nicht, dass man keinen mehr anpflanzen sollte (außer in Gebieten, in denen Feuerbrand häufig auftritt), aber eine Beobachtung der Entwicklung wäre nötig.

Gesundheit Der Weißdorn wirkt blutdruckregulierend, blutdrucksenkend, kreislauffördernd, beruhigend. Weißdorn ist ein mildes Herzmittel, das nach Rücksprache mit einem Arzt auch längerfristig eingenommen werden kann.

Die Früchte des Eingriffeligen Weißdorns enthalten kreislaufstärkende Inhaltsstoffe.

Schlehe, Schlehdorn, Schwarzdorn
(Prunus spinosa)

Der Schlehdorn (Schwarzdorn) ist ein einheimischer Strauch. Er wächst wild an Waldrändern, in Hecken und Gebüschgruppen. Leider hat die Schlehe eine im Hausgarten sehr unangenehme Eigenschaft: Sie treibt Wurzelschösslinge/Ausläufer und breitet sich sehr stark aus. Eigentlich sollten die Wildformen nur zur Böschungsbefestigung verwendet werden. Es gibt allerdings großfruchtige Züchtungen, die keine Ausläufer bilden. Schlehen blühen weiß im April, im Oktober reifen dann die

Schlehen kurz vor der Ernte.

Vogelbeeren oder Ebereschen tragen meist sehr reiche Ernte.

Früchte, die wie kleine runde Zwetschken aussehen. Diese schmecken säuerlich herb. Um sie besser genießen zu können, werden sie erst nach dem ersten Frost geerntet. Statt so lange zu warten, können sie auch ein bis zwei Tage tiefgekühlt werden. Nun sind sie bereit zum Entsaften oder zur Herstellung eines kräftigenden Likörs.

Essbare Eberesche, Vogelbeere
(Sorbus aucuparia subsp. moravica)

Die orangefarbenen Früchte der Unterart moravica und deren Sorten wie 'Rosina'oder 'Konzentra' sind frei von Bitterstoffen und weisen einen höheren Zuckergehalt als die Wildform (= Vogelbeere) auf. Der schmalkronige, jedoch 10 bis 12 m hohe, robuste Baum wird gerne als Hausbaum gepflanzt. Dabei sind humose, leicht saure Böden vorteilhaft. Anfang September werden die in Dolden reifenden, ca. 1 cm großen, kugeligen Beeren mit einem hohen Vitamin-C-Gehalt geerntet. Die Früchte können aber auch schon früher (knapp reif) zu Marmelade, Gelee, Kompott verarbeitet werden. Für Saft, Likör, Schnaps, Wein oder zur Trocknung (Rosinenersatz) ist die Vollreife mit höherem Zuckergehalt unabdingbar.

Vogelbeerenmus

- ½ kg Äpfel
- ½ kg Vogelbeeren
- ⅓ l Wasser
- ½ kg Zucker oder Honig
- Nelken- und Zimtpulver

Äpfel und Beeren im Wasser 30 Minuten dünsten, pürieren, mit dem Zucker oder Honig mischen, würzen und kurz aufkochen lassen. Heiß in saubere Gläser füllen und verschließen.

Felsenbirne *(Amelanchier ovalis, A. lamarckii)*

Dieser wunderschöne und robuste Strauch mit seinen weißen Blüten im April/Mai und kleinen Blättern kann sowohl solitär (einzeln) als auch in Naschhecken gepflanzt werden. Die rötlich-blauen Früchte erinnern nicht nur im Aussehen, sondern auch im Geschmack an Heidelbeeren.

Die heimische Gemeine Felsenbirne gedeiht auf kalkhaltigen, eher trockenen Böden und wird kaum über 1,5 bis 2 m (manche Sorten bis zu 4 m) hoch. Verwandte Arten bestechen entweder durch höheren, schmalen Wuchs, prächtige Herbstfärbung *(Amelanchier lamarckii)*, noch mehr Blütenreichtum (Sorte 'Ballerina') bzw. mit baumförmigem Wuchs *(Amelanchier arborea)*. Leider ist auch die Felsenbirne als *Rosaceae* feuerbrandgefährdet.

Die Felsenbirne ziert unsere Gärten im Frühling mit zarten Blüte, im Herbst mit bronzeroter Laubfärbung.

Einladende Spalierdurchgänge und Sitzplatzumrahmungen

Spalierdurchgänge

Besonders einladend wirkt ein Apfelspalier am Eingang oder in weiteren Gartenbereichen. Bogenförmige Laubengänge können sich im Frühling mit weiß-rosa Blütenwolken und im Herbst mit leuchtend roten oder gelben Äpfeln präsentieren. Das Gestänge lässt sich am besten mit Metallrohren und Spalierdrähten errichten. Geeignete Sorten wurden schon im Kapitel „Spalierobst" beschrieben.

GESUNDHEIT So vielfältige gesunderhaltende Stoffe wie im frischen Apfel kommen in kaum einem Obst vor, weshalb das alte, vielzitierte englische Sprichwort immer noch gilt: „an apple a day keeps the doctor away" – Der tägliche Apfel hält den Arzt fern!

Sitzplatzumrahmung

Rosengewächse, wie Apfel, Quitte und auch Birnen lassen sich gut zum Spalier formieren und brauchen zur besseren Fruchtbarkeit Partner. Daher kann man auch Sitzplätze mit einem reinen Apfel- oder Birnenspalier – oder beiden gemischt – umrahmen und so lauschiger und reich an Erntemöglichkeiten gestalten.

Einladende Apfelspalier-Durchgänge heißen Besucher im Garten willkommen.

Sitzplätze können mit Apfel-, Birnen- oder Quittenspalieren umgeben werden.

Die reiche Birnenblüte im Frühling ist an Schönheit kaum zu übertreffen.

BIRNE *(Pyrus communis)* – süß und saftig

STANDORT Der Ursprung der Birnbäume liegt im Kaukasus bis Anatolien. Birnbäume benötigen viel Sonne und wärmere Standorte als Apfelbäume, daher sind sie besonders in rauen Lagen besser an Hauswänden als Spalier zu ziehen. Weltweit gibt es mittlerweile rund 2.500 Sorten. Die Birne am richtigen Standort ist relativ unproblematisch, wenn man in luftfeuchten Lagen schorfanfällige Sorten wie 'Gute Luise' meidet.

VERWENDUNG Weil die Birne reich an wachstums- und blutbildenden Inhaltsstoffen ist und darmregulierend wirkt, wird ihr Genuss oft zur Entgiftung und Entschlackung empfohlen. Sie enthält ausgewogene Mengen an Vitaminen, Mineralstoffen und Spurenelementen, die Schwermetalle und dabei schädliche Lebensmittelzusätze neutralisieren und helfen sie auszuscheiden.

Empfehlenswerte Sorten

- **'Clapps Liebling':** mittelgroß, gelblichgrün und sonnseitig gerötet. Das Fleisch ist hell, schmelzend, angenehm süßsäuerlich und rasch überreif.
  Reife: Ende Juli bis Anfang August.
  Der Baum wächst in der Jugend stark, später hängend und bringt dann reiche und regelmäßige Erträge.
- **'Dr. Jules Guyot':** mittelgroß bis groß, bis drei Wochen lagerfähig, schmelzendes, saftiges, säuerlich-süßes Fruchtfleisch; mittelstark- bis schwachwüchsig, gut für Spindelerziehung
- **'Nagowitzbirne':** beliebte Frühbirne (Juli–August), kleine Frucht, süß
- **'Williams Christ':** wichtigste Sommerbirne, wird Mitte August pflückreif, zwei Wochen später genussreif, mittelgroß bis groß, gelblichgrün bis leuchtend gelb gefärbt, saftig, schmelzend, erfrischend säuerlich und harmonisch süß, stark gewürzt. Der Baum wächst mittelstark, später schwach.
  'Williams Christ' und 'Gute Luise' können sich gegenseitig nicht befruchten.
- **'Gute Luise':** wichtige Herbstsorte, mittelgroß, saftig, süß; grün-gelb mit leicht roter Backe
- **'Gellerts Butterbirne':** geschmacklich eine der feinsten Herbstbirnen, sehr saftig, schmelzend, fein gewürzt und süß. Trotz fester, bronzefarbener Schale ist die Lagerfähigkeit gering; starkwüchsig, aufrecht

Nur der Feuerbrand macht – neuerdings auch bei uns – Birnenfans zu schaffen. Die alte Sorte 'Madame Verte' und die neue Sorte 'Uta' trotzen aber auch diesem neuen Feind.

PFIRSICH *(Prunus persica var. persica)*
NEKTARINE *(Prunus persica var. nucipersica)*

Pfirsich- und Nektarinenbäume sind von Natur aus kleinkronige Bäume, die in fast jedem Garten ihren Platz finden, sogar in großen Töpfen.

STANDORT Beide brauchen allerdings einen vollsonnigen Standort. Nektarinen gedeihen nur in geschützten Lagen im Weinbauklima, da das Holz auf Winterfröste empfindlich reagiert. Auch die wunderschönen rosa Blüten erscheinen zeitig im Frühjahr und sind daher spätfrostgefährdet. Der Boden sollte leicht, sandig, gut durchlüftet und eher nährstoffreich sein. Viele Sorten der gelbfleischigen Pfirsiche sind sehr pflegebedürftig und sehr anfällig für die schwer zu bekämpfende Kräuselkrankheit. Am widerstandsfähigsten sind Weingartenpfirsiche, die durch kleine, aber höchst aromatische Früchte bestechen.

KRÄUSELKRANKHEIT Beim Pfirsich beleidigt diese Pilzkrankheit nicht nur das Auge, sondern führt auch oft zum Ausbleiben der Ernte. Als wirksame Gegenmaßnahme kann nur die mehrmalige Spritzung mit Schachtelhalmextrakt schon im Herbst (Falllaub entfernen!) und knapp vor oder während des Knospenschwellens empfohlen werden. Durch Entfernen der stark befallenen Blätter wird die Neubildung von frischen, gesunden Blättern gefördert. Eine Unterpflanzung mit Knoblauch, Kapuzinerkresse und Meerrettich/Kren unterstützt die Pflanzengesundheit. In feuchten Jahren kann es sein, dass selbst diese

Pfirsiche sind Sonnenanbeter.

Empfohlene Pfirsich- und Nektarinensorten für den Hausgarten

Gelbfleischige Pfirsiche:

- **'Royal Gem':** dunkelrot gefärbt mit orangegelbem Fruchtfleisch, sehr guter Geschmack, frühreif
- **'Vistarich':** sehr großer Pfirsich, tief dunkelrot gefärbt mit orangem Fruchtfleisch, geschmacklich sehr gut, sehr süß; sehr robust
- **'Symphonie':** neue, robuste Pfirsichsorte; sehr großfruchtig und leuchtend, dunkelrot gefärbt, Fruchtfleisch orangegelb gefärbt, hervorragender Geschmack, löst gut vom Stein, reift Ende August

Weißfleischige Pfirsiche:

- **'Poysdorfer Weingartenpfirsich':** typischer Wildpfirsichgeschmack, reift Mitte bis Ende September, Frucht: groß, weißfleischig, geschmacklich sehr gut, Schale: grün-rot gefärbt und wenig behaart. Der Baum ist schwach- bis mittelstark wachsend, sehr robust gegen die Kräuselkrankheit, Mehltau, Winter- und Blütenfrost
- **'Big Top':** eine der besten gelbfleischigen Nektarinensorten, Früchte: sehr groß, leuchtend rot, schmecken sehr süß und aromatisch, frühreif

Manche Genießer bevorzugen die glattschalige Nektarine.

Maßnahmen nichts helfen, da der Erreger der Kräuselkrankheit sehr aggressiv ist. Eine 1 %ige Kupferlösung oder eine Schwefelkalkbrühe beim Knospenschwellen und zehn Tage danach helfen auch, sind aber bezüglich der Rückstände in den Früchten nur eingeschränkt zu empfehlen.

MANDEL *(Prunus dulcis)*

Die Mandel liebt die Sonne und trockene Sommer. Sie ist der erste blühende Obstbaum im Jahr. Dieser Gast aus Asien bringt südländisches Flair in den Garten und ist als relativ kleiner Baum mit geringen Ansprüchen vor allem im warmen Weinbauklima problemlos zu ziehen. Da sie sehr zeitig im Frühjahr blüht, ist sie als Bienenweide sehr begehrt. Die meisten Mandelsorten sind selbstunfruchtbar, daher sollten zwei Sorten gepflanzt werden.

GEBRANNTE MANDELN – SELBST GEMACHT

Zutaten:

- 400 g kleine Mandeln
- 300 g Zucker
- 2 EL Wasser
- 1 EL Zimt

Zubereitung: Zucker, Zimt und Wasser zusammen in einer großen beschichteten Pfanne ohne umrühren einige Minuten bei mittlerer Hitze erhitzen. Mandeln hinzugeben und unter ständigem Rühren weiter erhitzen, bis der Zucker karamellisiert und die Mandeln mit einer schönen Schicht überzogen sind. Mandeln aus der Pfanne nehmen und auf ein Backpapier legen. Mit Löffel oder Gabel auseinanderziehen, sodass die Mandeln einzeln liegen und beim Abkühlen keine Klumpen bilden. Jetzt darf schon genascht werden, aber Vorsicht: heiß!

Mandelblüte

Mandeln vor der Reife

Obst und Beeren im klassischen Bauerngarten

Der klassische Bauerngarten ist ein Nutzgarten mit Gemüse, Kräutern und Schnittblumen, meist Sommerblumen. Nur am Rand (z.B. als Einfassung oder entlang der Zäune oder an Mauern) spielen Beerensträucher wie Himbeere, Brombeere sowie Johannisbeere und Stachelbeere eine Rolle. Hochstämmchen von Stachel- oder Johannisbeere sowie Spindelbusch-Obstbäume können auch den Mittelpunkt eines schön gestalteten Bauerngartens bilden. Rosen sind wegen ihrer langen Blütezeit und ihres Duftes (Rosenöl) auch in vielen Nutzgärten ein wichtiger Bestandteil.

TIPP **Einfache, aber effektvolle Tischdekoration: Blätter und Früchte, die der Jahreszeit entsprechen, in einem einfachen Glas brauchen weder Wasser noch verwelken sie allzu schnell!**

DIE ANLAGE Traditionell wurden geometrische Bauerngärten, über die Jahrhunderte und je nach Region verschieden, regionaltypisch verschieden über Jahrhunderte, meist ausgehend von Klostergärten, entwickelt. Entlang der Zäune wachsen Himbeeren und Johannisbeeren oder Ribiseln. Im weiteren Umfeld dieses hauptsächlich aus Gemüse-, Kräuter-, und Blumenbeeten bestehenden Bauerngartens befindet sich meist eine Obstbaumwiese. In sehr kleinen Gärten kann sich der Nutzgarten auf ein Hochbeet mit einem Beerenhochstamm, Erdbeeren und einigen dazu passenden Gemüsesorten beschränken.

Gestecke und Kränze mit Wildfrüchten und Beeren

Aus Wildfrüchten, die man in der freien Natur oder von der eigenen Wildobsthecke sammelt, können sehr schöne Gestecke, kleinere auch für den Tisch, sowie der Jahreszeit entsprechende Türkränze gebastelt werden. Vor allem Hagebutten, aber auch die Früchte der Mispel (unreif geerntet, sonst sind sie zu weich) oder Quitten (duften herrlich!) eignen sich als Tischschmuck. Für Kränze werden vor allem die Beeren der Eberesche, der Mehlbeere, des Weißdorns, des Sanddorns, der Schlehe und Hagebutten verwendet. Auch Haselnüsse und Edelkastanien sowie deren Schalen eignen sich, besonders in Kombination mit buntem Herbstlaub, als stimmungsvolles Dekorationsmaterial.

Getrocknete Apfelspalten mit Zimtgeschmack

Äpfel in etwa 3 mm dicke Scheiben schneiden und auf einem Backpapier (kann vorher mit Zimt als zusätzliches Aroma bestreut werden) am Backblech verteilen. Im vorgeheizten Backrohr, das dann abgeschaltet wird, werden die Apfelscheiben über Nacht getrocknet.

Großer Obstgarten mit Blumenwiese

Als traditioneller Bestandteil der meisten Bauernhöfe trug der Obstgarten, meist mit Wiesennutzung oder als Viehweide, einen wichtigen Teil zur Selbstversorgung bei. Heutzutage gehen diese Kulturlandschaftselemente immer mehr verloren. Die Ursachen dafür sind vielfältig. Die Landwirtschaft wird intensiviert, die extensive Viehhaltung geht stark zurück und für das viele Obst und Fallobst finden sich kaum mehr Verarbeitungs- und Vermarktungsmöglichkeiten. Dabei gehören alte Obstbaumwiesen zu den artenreichsten Lebensräumen! Wer glücklicher Besitzer eines größeren Grundstücks ist, das aber aufgrund der Arbeitssituation nicht intensiv gepflegt werden kann, schafft mit der Anlage eines Obstgartens mit extensiv gepflegter, also nur zwei- bis dreimal im Jahr gemähter Wiese, eine reichhaltige Lebensgrundlage für mehrere Generationen und viele Tier- und Pflanzenarten! Mit der Pflanzung robuster Halb- und Hochstämme verschiedener Obstarten wie Apfel, Birne, Kirsche, Sauerkirsche, Zwetschke oder Pflaume, Marille und Walnuss sowie Esskastanie ist nicht nur das Naschen frischer Früchte, sondern auch das Einlagern, Einkochen, Dörren und Verarbeiten zu Säften, Schnäpsen und Likören vonnöten und von Nutzen. Um gesund und vitaminreich durch den Winter zu kommen, können Äpfel, aber auch Zwetschken oder Marillen getrocknet werden.

Winterliches Gewürzpotpourri

Gewürzpotpourri mit Äpfeln

Zutaten:

- 1 EL geriebene Muskatnuss
- 2 Äpfel
- 6 Zimtstangen
- würzige ätherische Öle wie Zimt und Ingwer, rote Hagebutten

Zubereitung: Apfelspalten trocknen, Zimtstangen in 2,5 cm lange Stücke brechen und in ein Glas füllen. Sieben Tropfen ätherisches Öl hinzufügen, Glas verschließen, schütteln und 24 Stunden rasten lassen. Eine Handvoll Hagebutten und zwölf Tropfen ätherisches Öl in ein weiteres Glas geben und ebenfalls ruhen lassen. Zimt, Hagebutten und die getrockneten Äpfel gut mischen und in einen schönen Korb füllen.

Kirsche, Süsskirsche *(Prunus avium)*

Kultur Ein Kirschbaum ist sowohl zur Zeit seiner Blüte als auch mit Früchten oder dem leuchtend bunten Laub im Herbst eine Augenweide! Wuchsformen gibt es vom kleinsten Säulenbaum bis hin zum großen Hochstamm. Mit schwachwüchsigen Unterlagen lassen sich Süßkirschenbäume auf eine Höhe von 2–4 m begrenzen. Allerdings sollten die Schnittkenntnisse sehr gut sein, da kleinere Bäume empfindlicher reagieren. An Boden und Klima stellt der Kirschbaum keine besonderen Ansprüche, nur Staunässe verträgt er nicht gut. In sonniger, vor Spätfrösten geschützter Lage, auf luftdurchlässigem, warmem Boden entwickelt er sich optimal.

Kirschen und Weichseln gehören bei Kindern zu den beliebtesten Obstarten.

Bewährte Sorten

- **'Marzer Frühkirsche':** frühreif
- **'Merchant':** ähnlich 'Burlat', platzt nicht so leicht auf
- **'Lapins':** mittelgroß, hellrot, selbstfruchtbar
- **'Kassins Frühe':** schwarze Herzkirsche, süß-aromatisch, frühreif, nicht wurmig
- **'Burlat':** große schwarze Knorpelkirsche, süß-aromatisch, frühreifend, nicht wurmig
- **'Große Prinzessinkirsche':** sehr feste, gelbrote Knorpelkirsche, sehr süß, gut frosthart
- **'Johanna':** mittelspäte Blüte, große, dunkelrote Früchte, saftig-süß, aromatisch, robust
- **'Oktavia':** späte Blüte, große, dunkel rote Früchte, saftig-frisch, mild, robust
- **'Regina':** späte Blüte, große, braunrote Früchte, fest, saftig-süß, platzt nicht leicht auf, robust
- **'Kordia':** sehr großfruchtig, braunrot, festfleischig, platzt nicht leicht auf, Reife: Mitte Juli

Die meisten Sorten sind nicht selbstfruchtbar, daher sollte in weniger als 50 m Umkreis ein zweiter Kirschbaum stehen. Geschnitten werden sie alle zwei bis drei Jahre (Auslichtungsschnitt) während oder kurz nach der Ernte, keinesfalls im Winter bei Frost!

Gesundheit Die Süßkirsche ist das Kinderobst schlechthin! Nicht nur aufgrund der schönen Farbe, Form und des guten Geschmacks ist die Kirsche bei Kindern sehr beliebt. Kirschen versorgen uns mit wertvollen Vitaminen, wie Vitamin C und Vitamin B, Kalium und Folsäure, die für den Aufbau von Knochen, Zähnen und das Nervensystem sowie für die Blutbildung sehr wichtig sind. Durch ihre harntreibende Wirkung entlasten Süßkirschen den Kreislauf.

Sauerkirsche, Weichsel *(Prunus cerasus)*

Die Sauerkirsche/Weichsel ist von Natur aus ein eher kleinwüchsiger Baum, der auch im Halbschatten noch recht gut gedeiht. Sie ist sehr genügsam und gedeiht auf nahezu allen Böden, außer auf staunassen. Maden treten selten auf, das größte Problem ist der Monilia-Pilz, der sich als Spitzendürre auswirkt. Es gibt allerdings eine große Auswahl an widerstandsfähigen Züchtungen.

SCHNITT ❧ Während oder gleich nach der Ernte wird ausgelichtet: nur dürre, nach innen wachsende Zweige entfernen. Hängende Arten: nahezu blattlose Peitschentriebe bis zur nächsten Blattknospe zurückschneiden.

Kirschkernkissen für Jung und Alt

Für ein Kissen mittlerer Größe nimmt man 300 bis 350 g Kirschkerne und kocht diese in Wasser mit 1 EL Spülmittel auf und lässt sie mindestens eine Stunde stehen. Man kann sie auch in Essig einlegen, bis sich das Fruchtfleisch abgelöst hat. Wenn nötig, Reste abbürsten, mit reichlich Wasser spülen und abtrocknen oder im Backrohr trocknen lassen, (Nachwärme vom Backen nutzen!). In ein selbst genähtes Kissen (beliebtes Maß: 25 × 20 cm, Form beliebig: Herzform, Tierform ...) und dann fertig zunähen.

WÄRMEANWENDUNG ❧ bei Blähungen im Säuglingsalter und Bauchweh im Kleinkindalter, bei Gelenkschmerzen, Verspannungen, Erkältungskrankheiten, Menstruationsbeschwerden, Schmerzen im Nacken, in der Schulter oder am Rücken: Aufwärmen im Backofen: In Alufolie eingewickeltes Kissen bei max. 150 °C etwa 10 bis 15 Min. aufheizen lassen. Aufwärmen in der Mikrowelle: Ohne Alufolie bei max. 600 Watt nicht länger als eine Minute erwärmen (Mikrowellenteller muss trocken und sauber sein, sonst: Entzündungsgefahr des Stoffes!).

KÄLTEANWENDUNG ❧ bei Kopfschmerzen, Prellungen, Verstauchungen oder Blutergüssen: Zum Abkühlen in einem Plastiksack in den Gefrier- oder Kühlschrank legen.

Empfehlenswerte Sorten

AMARELLE ❧ (farbloser Saft):

- **'Ludwigs Frühe':** mittelgroß, hellrot, sehr weich; süß-säuerlich, frosthart, moniliafest

WEICHSEL ❧

- **'Köröszer Weichsel':** süß, färbender Saft, groß, festfleischig, selbstfruchtbar, am besten: 'KöröszerII'
- **'Saksia':** großfruchtig, süß, teilweise selbstfruchtbar, hohe Erträge, mittelstarkwüchsig
- **'Karneol':** Frucht braunrot, groß, geringer Säuregehalt, löst relativ leicht vom Stiel, Eignung zur Spindelerziehung

SCHATTENMORELLE ❧ nur Typ VoWi, andere moniliaanfällig; herb-sauer, stark färbender Fruchtsaft

- **'Ludwigs Frühe':** mittelgroße, hellrote Frucht, sehr weich, süß-säuerlich, moniliafest, frosthart; gründlich schneiden
- **'Gerema':** dunkle, große, feste Früchte, selbstfruchtbar, robust gegen Monilia, schwachwüchsig

PFLAUME, ZWETSCHKE *(Prunus domestica)*, MIRABELLE *(Prunus domestica subsp. syriaca)*, RINGLOTTE, RENEKLODE *(Prunus domestica subsp. italica)*, KRIECHERL, KRIECHENPFLAUME *(Prunus domestica subsp. insititia)*

ARTEN UND IHRE STANDORTANSPRÜCHE ❧ Die Unterscheidung von Zwetschke und Pflaume ist folgendermaßen definiert: Zwetschken (oder auch Zwetschgen) sind länglich, festfleischig und gut steinlöslich, während Echte Pflaumen rundlich und weich sind und

Empfehlenswerte Sorten

- **'Hanita':** große, blaue Früchte, die sich gut vom Stein lösen, sehr geschmackvoll, zum Frischverzehr, frühreif
- **'Graf Althans Ringlotte/ Reneclode':** runde, rötlich-violette Früchte, würzig-süß, frisch essen oder einmachen, wenig anspruchsvoll, selbstunfruchtbar
- **'Hauszwetschke':** geschmacklich unübertroffen, kleine Früchte, aber auch großfruchtige Züchtungen
- **'Meschenmoser':** frühreif

Diese Pflaumen warten nur noch darauf, geerntet zu werden.

sich meist schlecht vom Kern lösen. Mirabellen oder Kriecherl haben kleine, runde, gelbe Früchte, die extrem süß und würzig-aromatisch schmecken. Sie bevorzugen warme Klimate und gute Böden, sind selbstfruchtbar und sehr robust. Die wichtigste Sorten sind 'Mirabelle von Nancy' und deren verbesserte Auslesen. Es gibt auch Hybride zwischen Mirabelle und Zwetschke. Die meisten Pflaumen und Zwetschken gedeihen auf feuchten, nährstoffreichen Böden gut. Es ist die einzige Obstart, die mit Staunässe noch am ehesten zurechtkommt. Alle Arten sind ziemlich frosthart, wenn auch einige Mirabellen wärmebedürftig sind. Einige sind selbstfruchtbar, andere brauchen einen Befruchtungspartner (kann jede dieser vier Steinobstarten sein).

TIPP **Zwetschken lassen sich sehr gut einfrieren, aber auch trocknen (Dörrzwetschken: verdauungsfördernd) und sind zum Verarbeiten zu Kompotten oder Marmeladen und Powidl geeignet.**

PFLANZENSCHUTZ Die Zwetschke und ihre Verwandten kommen in der Regel ohne großen Pflanzenschutzaufwand zurecht. Vor der unangenehmen Viruskrankheit Scharka schützt man sich durch Wahl toleranter Sorten. Den oft starken Lausbefall hat man mit einem Leimring leicht im Griff.

WALNUSS *(Juglans regia subsp. regia)*

Die Heimat der Walnuss ist Südosteuropa und Kleinasien, sie wächst aber schon seit der Jungsteinzeit auch in Mitteleuropa. Ein Walnussbaum war früher oft der Hausbaum schlechthin.

STANDORT Der Boden sollte tiefgründig, nährstoffreich und nicht zu trocken oder aber sehr schwer sein. Ein geschützter Standort wird wegen der Spätfrostgefahr empfohlen. In der Umgebung eines Walnussbaumes wachsen aufgrund seines keimungshemmenden Wirkstoffs in den Blättern kaum andere Pflanzen, daher ist unter einem Walnussbaum der ideale Schattensitzplatz!

KULTUR Optimale Pflanzzeit ist das Frühjahr, in warmen Gebieten im Herbst. Ein Baumpfahl ist bis zum achten Standjahr erforderlich. Nicht zu tief pflanzen, die oberste Wurzel sollte nur drei Finger hoch mit Erde bedeckt sein. Beim Pflanzschnitt wird lediglich auf drei bis vier

Empfehlenswerte Sorten

- **'Seifersdorfer':** altbewährte deutsche Sorte, die sehr winterfrostfest ist
- **'Geisenheim 120':** spät austreibend, für raue Lagen, sehr große Frucht, hellschalig, mittelstark wachsend, sehr robust
- **'Rotkernige':** Haut des Nusskerns dunkelrot, sehr attraktiv, zum Verzieren, treibt später aus als 'Rote Donaunuss', daher weniger spätfrost gefährdet, robuster gegen Blattfleckenkrankheit

Reife Walnüsse lösen sich aus ihrer Fruchthülle.

Leittriebe ausgelichtet, nicht zurückgeschnitten. Später werden nur zu dichte und zu lange überhängende Äste geschnitten, am besten im August. Für organischen Dünger (Kompost, Mist) ist der Nussbaum dankbar. Boden locker halten und mit Gras mulchen. Geerntet wird erst, wenn die Nüsse von selbst aus der Schale zu Boden fallen.

Walnusscreme

Zutaten:

- 150 g Walnusskerne
- 6 Eigelb
- 3 EL Akazienhonig
- 6 Blatt Gelatine
- 4 EL Amaretto (oder Orangensaft)
- 400 ml Schlagobers/Sahne (davon 100 ml zum Verzieren)

Esskastanie, Maroni, Edelkastanie

(Castanea sativa) – uralte Kulturpflanze für Gestresste und Erschöpfte

Die Esskastanie oder der Maronibaum kam vom Schwarzen Meer über Kleinasien, Griechenland und den Balkan zu uns. Der Baum bildet eine wunderschöne Krone, interessante Blüten und köstliche, gesunde Früchte, die leider in eine sehr stachelige Hülle verpackt sind.

Standort Voraussetzung für gutes Gedeihen und reiche Ernte sind ein sommerwarmes und wintermildes Klima, kalkarme Böden in Lagen ohne Kaltluftstau und gute Sorten!

Gesundheit Edelkastanien enthalten Vitamin B und Phosphor, beides stärkt die Nerven. Besonders nach Krankheiten und Erschöpfungszuständen wird ihr Verzehr empfohlen. Außerdem sind sie basisch und helfen bei der Verdauung nach Fleischgenuss. Aus den in ihnen enthaltenen essenziellen Aminosäuren kann sich der Körper das Glückshormon Serotonin basteln.

Empfehlenswerte Sorten

- **'Marietta':** frühreif, großfruchtig, sehr gut schälbar;
- **'Margit':** mittelspät reif, sehr großfruchtig, gut schälbar;
- **'Martina':** spätreif, sehr großfruchtig, gut schälbar, gut frostfest;
- **'Marlene':** selbstfruchtbar, spätreif, großfruchtig, gut schälbar, früher, hoher Ertrag.

Gesunde Vielfalt

Da Obstbäume und Beerensträucher eine Dauerkultur für mehrere Jahre bzw. Jahrzehnte darstellen, spielen nicht so sehr die richtige Kombination der einzelnen Arten, sondern vielmehr die Bodenvorbereitung und Pflanzabstände sowie die Wahl der richtigen Befruchtungspartner eine Rolle. Unter den meisten Obstbäumen wirkt sich aber eine Bepflanzung mit Kapuzinerkresse oder verschiedenen Kräutern vorteilhaft aus.

Baumscheibenbepflanzung

Werden die Baumscheiben von Obstbäumen mit Kapuzinerkresse bepflanzt, sieht es nicht nur hübsch aus, sondern stärkt den Baum bei der Abwehr von Blattläusen. Außerdem leuchten die Blüten als essbare Speisendekoration vom Tellerrand oder zieren Blattsalate.

Kren oder Meerrettich gegen die Kräuselkrankheit und andere Pilzkrankheiten bei Pfirsich und Nektarine. Knoblauch und Kaiserkrone können helfen, Wühlmäuse zu vertreiben.

Befruchtungspartner

Besonders bei den Apfelsorten sind gute Pollenspender und die richtigen Befruchtungspartner wesentlich. Hier können nur einige Sorten genannt werden, die für diese Rolle in Frage kommen: 'Ananasrenette', 'Danziger Kantapfel', 'Berner Rosenapfel', 'Gravensteiner', 'Klarapfel', 'Berlepsch', 'Cox Orangenrenette', 'Roter Boskoop', 'Champagner Renette' und 'Rote Sternrenette'.

Bei den Birnen sind als gute Pollenspender und Befruchtungspartner vor allem 'Clapps Liebling', 'Gellerts Butterbirne', 'Madame Verté', 'Gute Luise' zu nennen. Nur 'Gute Luise' und 'Williams Christ' sind infertil, das heißt, sie können sich gegenseitig nicht befruchten.

Fruchtfolge

Bei den Obstgehölzen spielt die Fruchtfolge keine so große Rolle wie im Gemüseanbau. Bei einer Nachpflanzung eines krank oder zu alt gewordenen Obstbaumes gibt es jedoch gewisse Regeln. Eigentlich sollte nicht dieselbe Obstart am selben Platz nachgepflanzt werden, da sich verschiedene Hemmstoffe und auch Krankheitserreger sowie verschiedene Schädlinge angesammelt haben können und es zu einer Nährstoffauslaugung gekommen sein könnte.

Also sollte am besten ein Baum aus einer anderen Pflanzenfamilie nachgepflanzt werden, auf Apfel könnte z. B. ein Nussbaum oder eine Edelkastanie folgen. Weiters gilt die Regel: Steinobst kann man nach Kernobst, Kernobst nach Steinobst pflanzen. Zumindest sollte man die Pflanzgrube an anderer Stelle ausheben, sehr gut wäre auch eine einjährige Ruhepause mit Gründüngung (z. B. Inkarnatklee).

Hegen und Pflegen

Gesundes Obst kann nur auf einem guten Boden mit ausgewogenen Nährstoffen und bei guter Pflege gedeihen. Die Auswahl der Obstarten und -sorten sollte dem Klima und den Bodenvoraussetzungen angepasst und wohlüberlegt erfolgen. Robuste, wenig krankheitsanfällige Sorten ersparen einen großen Pflegeaufwand. Nur durch die richtige Pflanzung und ausgewogene Pflege übers Jahr wird die Freude beim Ernten groß sein!

Rund um Boden, Pflanzung und Düngung

Der Bodenvorbereitung bei der Anlage eines Obstgartens kommt eine große Bedeutung zu. Der gewachsene Naturboden ist nicht für jede Obstart geeignet, also kann man entweder die zum gegebenen Boden passende Obstart pflanzen oder aber den Boden verbessern. Sandige Böden benötigen reichliche Humusgaben. Bei schweren Böden kann eine Zugabe von grobem Sand die Durchlüftung und Bodenstruktur verbessern.

Die Pflanzgrube wird mindestens doppelt so groß wie der Wurzelballen des zu pflanzenden Strauches oder Baumes ausgehoben, die Erde im oberen Bodenbereich (oberste 20 cm) mit reichlich reifem Kompost gemischt. Zum Schutz gegen Wühlmäuse wird in die Pflanzgrube ein engmaschiges Hasengitter gelegt, das auch von oben über den gepflanzten Wurzelballen gezogen wird. Die Wurzeln werden frisch angeschnitten.

Die Veredelungsstelle soll über dem Boden bleiben.

Pflanzung und Befestigung Jeder Obstbaum erhält einen Holzpfahl, der mit einem festen, aber elastischen (Kokos-, Hanf- oder Sisal-)Band umwickelt und mit dem Baumstamm so verbunden wird, dass der Wind nicht zu sehr am frisch gesetzten Baum rütteln kann (8er-Schleife). Den Baum neben den Pflock ins Pflanzloch stellen, mit feiner Erde zuschütten, Baum rütteln und leicht anheben, die Erde festdrücken. Gießen und sofort Pflanzschnitt durchführen.

Pflanzschnitt Je stärker die Triebe eingekürzt werden, umso leichter wachsen die Bäume an. Grundsätzlich richtet sich der Pflanzschnitt nach dem gewünschten Erziehungssystem. Unabhängig davon ist Folgendes empfehlenswert: Einjährige Apfel- und Birnenbuschbäume ca. um ein Drittel einkürzen.

Einjährige Zwetschken-, Kirschen-, Marillen- und Wildobstbäume ca. um die Hälfte einkürzen. Einjährige Pfirsich-, Nektarinen- und Mandelbäume um mehr als 2/3 zurückschneiden.

Mehrjährige und Halb- und Hochstämme bei allen Obstarten: ca. jeden Ast um die Hälfte einkürzen.

Die beste Pflanzzeit ist der Herbst nach dem Laubfall und bevor der Boden friert. Nur frostgefährdete Gehölze wie Walnuss, Edelkastanie, Wein, Kiwi, Pfirsich und Marille werden besser im Frühjahr gepflanzt.

Nährstoffversorgung Die meisten Obstbäume kommen mit „normalem" Gartenboden gut zurecht, eine Gabe Kompost im Frühjahr fördert aber die Blühkraft. Kompost schafft eine krümelige, lockere Bodenstruktur und belebt die Erde mit zahlreichen nützlichen Mikroorganismen. Da Kompost der beste Dünger ist und im

Kreislauf der Gartenbewirtschaftung nicht fehlen darf, findet ein Kompostbehälter (Holz oder Thermokomposter aus Recycling-Kunststoff) im kleinsten Naturgarten einen Platz. Sogar am Balkon kann in Wurmkompostkisten wertvoller Dünger selbst erzeugt werden.

TIPP **Pflanzen Sie keinen neuen Apfelbaum an der Stelle eines alten. Bei Rosengewächsen, wozu Apfel, Birne und Quitte gehören, tritt eine "Bodenmüdigkeit" auf. Als Ursache werden Bakterien vermutet, die die Wurzeln zum Absterben bringen.**

Vor allem in Töpfen und Trögen gezogenes Obst muss regelmäßig mit Kompost, Hornspänen oder einem anderen biologischen Langzeitdünger versorgt werden. Nur Heidelbeeren und Preiselbeeren haben einen geringen Nährstoffbedarf und begnügen sich auch mit Rinde oder Holzhäcksel als Mulchmaterial. Zur Bodenverbesserung hat sich auch der Einsatz von Komposttee sehr bewährt. Das Bodenleben und das Wurzelwachstum werden gefördert, die positiven Mikroorganismen bekämpfen pathogene Keime. Zu viel an Stickstoffdünger kann mehr schaden als nutzen – die Bäume werden krankheitsanfälliger. Die wichtigste Maßnahme stellt die Bodenbedeckung dar. Bei jungen Obstbäumen und Spindelbüschen sollte die Baumscheibe im Ausmaß der Krone eher von Bewuchs freigehalten werden und mit Gras, im Herbst mit Laub, gemulcht werden. Da viele Obstbäume Flachwurzler sind, stellen tief wurzelnde Kräuter und Gräser Konkurrenten dar, nur einige Kräuter, wie z. B. Kapuzinerkresse, die die Pflanzengesundheit fördert, sowie Kräuter, die wenig Wasser und Nährstoffe brauchen, können bedenkenlos auf Baumscheiben angebaut werden. Bei älteren Obstbäumen (Ausnahme: Pfirsich, Wein) kann auch Graswuchs das ganze Jahr zugelassen werden. Mulch ist vor allem in Trockengebieten von großem Vorteil, da der Boden vor Austrocknung geschützt ist. Besonders Beerensträucher brauchen eine Mulchabdeckung.

Vorteile des Mulchens

- Unterdrückung von Beikraut
- Erosion, Verschlämmung und Nährstoffauswaschung des Bodens werden verhindert
- Verdichtung des Bodens (z.B. durch Betritt) wird verringert, da das Gewicht abgefedert wird
- Unter der Mulchdecke lebt und „arbeitet" ein reiches Bodenleben, vor allem Regenwürmer

Im Frühling jedoch können dicke Mulchdecken die Erwärmung der Erde und Wurzeln verhindern und gehören daher entfernt. In milden Wintern können Schnecken und deren Eier darin überwintern. Daher gibt man das alte Mulchmaterial und die zum Schutz vor Frost aufgelegten Fichtenzweige im Februar/ März auf den Kompost und lockert den Boden oberflächlich leicht auf. Erst in den wärmeren Monaten Mai/Juni, wenn die Austrocknungsgefahr des Bodens zum Thema wird, sollte wieder gemulcht werden. Bei Neuanlagen sollte vor dem Mulchen eine Gabe von 5 g/m^2 Hornspäne als Stickstoffdünger eingesetzt werden, da die Stickstoff-Verluste bei der Zersetzung enorm sind.

Ein Kompostbehälter ist ein wichtiger Bestandteil des Naturgartens.

Pflanzengesundheit

Pflanzenstärkung

Der beste Schutz vor Krankheiten ist die Stärkung der Pflanzen und die Anwendung von vorbeugenden Maßnahmen wie die richtige Sorten- und Standortwahl, die sachgerechte Pflege und die Förderung von Nützlingen. Was bedeutet nun widerstandsfähige Sorte? Als robust wird eine Sorte dann eingestuft, wenn sie für bestimmte Krankheiten und Schädlinge kaum anfällig ist oder nur unter Extrembedingungen Symptome zeigt, resistente Sorten werden gar nicht befallen. Robuste Sorten am richtigen Platz sind der erste und wichtigste Schritt zu reicher Ernte ohne Kummer. Die Pflanzengesundheit kann durch verschiedene pflanzenstärkende Mittel erhalten werden. Diese Präparate, vor allem Kieselpräparate, Algenmittel, Schachtelhalmextrakte, Wildkräuterauszüge und Brennnesselbrühen stärken die Widerstandsfähigkeit der pflanzlichen Zellen. Sie sind besonders gegen Pilzkrankheiten wirksam.

Natur im Gleichgewicht

Im Naturgarten sind durch vielfältige Lebensräume beste Bedingungen für natürliche Gegenspieler, die Nützlinge, vorhanden. Treten Schädlinge gehäuft auf, wird man mit ein bisschen Geduld und leichter zeitlicher Verzögerung auch ein Massenvorkommen bestimmter Nützlinge feststellen können. Durch ein reichhaltiges Angebot an verschiedensten Blütenpflanzen, vor allem Doldenblütlern, und einem „Wilden Eck", in dem Brennnessel und andere nützliche Wildkräuter gedeihen können, werden Nützlinge gefördert. Auch im Herbst sollte man bedenken, dass viele Samenstände von Stauden und Gräsern ein wertvolles Nahrungsangebot für Vögel darstellen und den Schnitt besser ins Frühjahr verschieben. Die Früchte von Wildobst und Naturhecken helfen vielen Vogelarten über den Winter. Zusätzlich kann durch Steinhaufen, Holzhaufen oder extra angefertigte Nützlingsunterkünfte weiterer Lebensraum geschaffen werden. Die Beobachtungen, die man in solch einem vielfältigen Garten erlebt, können äußerst spannend sein! Falls das Gleichgewicht trotzdem einmal aus dem Lot kommt, gibt es einige Tricks, die man anwenden kann, noch bevor zu irgendeinem noch so nützlingsfreundlichen Spritzmittel gegriffen wird.

Spezielle Obstkrankheiten

Generell ist die richtige Wahl robuster, dem Standort angepasster Sorten und die Gesunderhaltung der Bäume und Sträucher durch richtige Pflege dasWichtigste.

Birnengitterrost ꙮ Die orangen Flecken auf den Birnbaumblättern kennt fast jeder, da es kaum nicht infizierte Bäume gibt. Da die Sporen des Birnengitterrostes auf Wacholdern als

Die häufigsten Obstbaum-Krankheiten und -Schädlinge

Obstart	Krankheit	Schädling	Gegenspieler, Nützling	Maßnahmen
Apfel	Schorf, Mehltau, Obstbaumkrebs	Blattläuse Blutläuse Apfelwickler („Wurm" im Apfel)	Marienkäfer, Schlupfwespen, Florfliegen, Vögel, Fledermäuse, Laufkäfer, Raubwanzen, Ohrwürmer, Schlupfwespen,	Wellpappestreifen am Stamm, befallene Blätter/Triebe entfernen, Wucherungen bis ins gesunde Holz entfernen; Ohrwürmer fördern, Stickstoffüberdüngung vermeiden, Stammpflege, abbürsten, Schachtelhalmbrühen
Birne	Birnengitterrost, Birnenschorf, Feuerbrand (Meldepflichtig - Gemeindeamt) Monilia	Blattläuse	Marienkäfer, Ohrwürmer, Florfliegen, Schlupfwespen, Kleinvögel, Raubwanzen	Befallene Blätter und Wacholder entfernen, regelmäßiger Schnitt, Baumscheibe mulchen, Schachtelhalmbrühe. Befallene Früchte entfernen und Äste (bis 20 cm ins gesunde Holz) schneiden
Pfirsich	Kräuselkrankheit			befallene Blätter entfernen, mit Schachtelhalmbrühe mehrmals spritzen, Kren in Baumscheibe
Marille	Monilia			befallene Früchte entfernen und Äste (bis 20 cm ins gesunde Holz) schneiden
Himbeere	Himbeerrutenkrankheit, Wurzelfäule, Grauschimmel			Verletzungen vermeiden, kranke und zu dicht stehende Ruten entfernen, Staunässe meiden, resistente Sorten, luftige Standorte
Brombeere	Rankenkrankheit	Brombeer-Gallmilbe	Raubmilben, Kleinvögel fördern	befallene Ruten entfernen
Johannisbeere, Jostabeere	Mehltau, Säulchenrost			befallene Blätter/Triebe entfernen, 5-nadelige Kiefern (Zwischenwirt) entfernen
Erdbeere	Fruchtfäule, Wurzelfäule, Erdbeermehltau	Nacktschnecken	Laubkäfer, Kröten, Blindschleiche, Vögel, Igel	ausreichende Pflanzabstände, Stroheinlage, robuste Sorten, verhaltene Düngung
Kirsche		Kirschfruchtfliege	Schlupfwespen, Laufkäfer, Spinnen, Kleinvögel	frühe Sorten, Baumscheiben mulchen, Wermut-Tee sprühen, mehrere Gelbtafeln Anfang Mai aufhängen

Birnengitterrost auf Birne

Wirtspflanze gebildet werden, ist die sicherste Maßnahme gegen diesen Rostpilz die Entfernung sämtlicher nicht heimischer Wacholder im Umkreis von 200 bis 500 m (die heimische Wacholderart *Juniperus communis* ist kein Zwischenwirt!). Da dies meist schwer möglich ist, kann man den Baum stärken, die befallenen Blätter im Herbst wegrechen und kompostieren, die Baumscheibe mit Kompost und anderem Laub bedecken. Der Pilz schwächt zwar den Baum, gefährdet ihn aber nicht wirklich.

SCHORF An den Blättern entstehen oliv-grüne Flecken, die schwarz-braun werden und frühen Blattfall verursachen. Die Früchte bekommen Flecken. Nur die Wahl wenig anfälliger Sorten und die Pflanzung am geeigneten Standort (windoffen, luftig) sowie ein regelmäßiger Auslichtungsschnitt und die vorbeugende Behandlung mit Schachtelhalmbrühe im Frühling sind die richtigen und wichtigen Methoden zur Verhinderung des Schorfpilzes.

FEUERBRAND Diese hoch ansteckende Bakterienkrankheit erkennt man an rasch welkenden Jungtrieben und Früchten, die dann schwarz werden. Die Spitzen verkrümmen sich nach unten, bei feuchtkühlem Wetter tritt Bakterienschleim an der Rinde aus, beim Anschneiden dieser verfärbt sie sich orange (Unterscheidung zu Monilia). Bei Verdacht auf Feuerbrand besteht Meldepflicht. Der zuständige Gemeindebeauftragte besichtigt die Pflanze vor Ort. Früher wurden ganze Obstbäume sofort gerodet und vernichtet, heute geht man eher dazu über, stark ins gesunde Holz zurückzuschneiden, um die pflanzeneigenen Widerstandskräfte zu fördern. Dies darf man allerdings nur durch den Sachverständigen durchführen lassen, der das Werkzeug zu desinfizieren und das Schnittmaterial zu entsorgen hat.

KRÄUSELKRANKHEIT Diese bei Pfirsich und Nektarine häufige Krankheit tritt in feuchten Jahren besonders stark auf. Auch diese Pilzkrankheit ist schwer zu bekämpfen. Widerstandsfähige Sorten, ein schützender Dachvorsprung und die vorbeugende, wiederholte Behandlung mit Schachtelhalmbrühe beim Austrieb sind die wirkungsvollsten Maßnahmen.

MONILIA Monilia-Fruchtfäule und Monilia-Spitzendürre werden durch regelmäßigen Obstbaumschnitt und das rechtzeitige Einsammeln der befallenen Früchte und Fruchtmumien eingedämmt. An Spitzendürre erkrankte Zweige sind bis ca. 20 cm ins gesunde Holz zurückzuschneiden. Kren in Baumscheiben gepflanzt stärkt die Abwehrkraft.

ECHTER MEHLTAU Verschiedene Pilzarten, die die Blattoberseiten mit einem weißen, mehligen Belag überziehen und sich besonders bei warmer Witterung ausbreiten. Der Pilz dringt in das Blattgewebe ein und entzieht Nährstoffe. Knospen, Blüte und Blätter vertrocknen und sterben ab. Der Pilz überwintert an Pflanzenresten oder in Knospenschuppen. Echter Mehltau befällt viele Obstarten: Apfel, Quitte, Marille, Pfirsich, Erdbeeren, Stachelbeeren und Weinreben; daher wird bei der Sortenwahl auf deren Widerstandsfähigkeit gegen diesen Pilz große Aufmerksamkeit zu richten sein. Weitere vorbeugende Maßnahmen sind ein ausreichender Pflanzabstand, Blattstärkung durch Schachtelhalmbrühe und Knoblauchtee, bestäuben der Pflanzen mit Steinmehl oder besprühen mit Molke. Weiters kann man Knoblauch oder Zwiebel zu den gefährdeten Pflanzen setzen. Bei Befall: kranke Pflanzenteile vernichten und radikaler Rückschnitt befallener Triebe.

Falscher Mehltau Diese Pilzarten entwickeln sich vor allem bei feuchten, kühleren Temperaturen, die Infektion erfolgt über die Spaltöffnungen der Blätter. Das Schadbild ist ein weiß-grauer Belag meist auf der Blattunterseite und gelblich-bräunliche Flecken auf der Blattoberseite. Dieser Pilz befällt im Obstbau vor allem die Weinreben. Vorbeugend ist wieder auf resistente Sorten, einen luftigen, sonnigen Standort, eine Bewässerung nur von unten, Bodenlockerung und nur mäßige Düngung zu achten. Jungpflanzen können mit Algenextrakten und Brennnesseljauchen gestärkt werden. Die Blätter werden mit Schachtelhalmbrühe oder Knoblauchtee behandelt. Bei Befall müssen kranke Teile entfernt werden.

Himbeerrutenkrankheit Diese Pilzkrankheit dringt bei feuchtem Wetter durch kleine Verletzungen in Jungtriebe ein. Vorbeugend sollte man robuste Himbeersorten oder Herbsthimbeeren (werden jährlich auf Bodenniveau geschnitten) wählen und für einen lockeren, leicht sauren Boden mit Laub- oder Strauchhäcksel sorgen und Verletzungen vermeiden. Befallene Ruten werden bodeneben abgeschnitten und in der Biotonne entsorgt.

Blutläuse Diese weiß-wolligen Schädlinge, aus denen beim Zerdrücken ein braunroter Saft herauskommt, leben in Kolonien vor allem auf Apfelbäumen. Vorbeugend sollte man resistente Sorten wählen, Stickstoffüberdüngung vermeiden, die Baumscheiben mit Kapuzinerkresse bepflanzen und Nützlinge fördern. Bei stärkerem Befall wird die Rinde abgebürstet, kranke Zweige ausgeschnitten und befallene Stellen mit Farnkrautextrakt (auch Kapuzinerkresse, Beinwell) intensiv getränkt.

Blattläuse Blattläuse sind sehr anpassungsfähig und vielseitig und können sich sehr rasch vermehren. Werden jedoch die ersten Befallsherde abgespritzt (starker Wasserstrahl) oder die befallenen Blätter entfernt, kann die Ausbreitung eingedämmt werden. Durch Spritzen mit Brühen aus Brennnesseln, Zwiebelschalen, Knoblauch oder Rhabarberblättern können sie ebenfalls vertrieben werden. Die befallenen Pflanzen können auch mit Algenkalk, Gesteinsmehl oder Asche bestäubt werden. Das Wichtigste ist allerdings die Stärkung der Pflanzengesundheit und die Förderung der natürlichen Feinde (siehe oben) – und etwas Geduld (bis die Nützlinge ihre Arbeit erledigt haben)! Da Blattläuse bekanntlich von Ameisen „gemolken" werden und ihre Ausbreitung durch Ameisen gefördert wird, kann man durch das Anbringen von Leimringen um den Stamm der Obstbäume im zeitigen Frühjahr ihre Verbreitung verhindern. Raupenleim auf Papier auftragen oder fertigen Leimring mit Schnur (kein Draht – wächst in den Baum ein!) so um den Stamm binden, dass keine Ameise darunter hindurch oder über den Stützpfahl hinauf kann. Eventuell grobe Rindenstücke vorher durch Abbürsten entfernen.

Blattläuse in verschiedenen Entwicklungsstadien befinden sich meist auf der Blattunterseite.

Schachtelhalmbrühe

½ kg Acker-Schachtelhalm mit 5 l (Regen-) Wasser ansetzen und ca. eine halbe Stunde kochen. Abkühlen lassen und fünffach verdünnen. Schachtelhalmprodukte sollten bei Sonnenschein ausgebracht werden, da sie dann in die Spaltöffnungen der Blätter eindringen können.

KIRSCHFRUCHTFLIEGE ❧ Die „Würmer" in den Kirschen, die für manche Menschen den Genuss an reifen Kirschen vermindern, sind die Maden der Kirschfruchtfliege. Sie bevorzugt ein mild-warmes Klima. Diese kleine Fliege mit Flügeln, die durchsichtig mit brauner Quermusterung sind, legt ihre Eier Ende Mai bis Juni in reifende, von grün nach gelb wechselnde Kirschen. Die Maden fressen einige Wochen in den Früchten und lassen sich dann zu Boden fallen, wo sie sich verpuppen. Wenn frühreife Kirschensorten gepflanzt werden, ist es für die Fliege noch zu kalt, wenn die Früchte reifen. Natürliche Feinde wie Schlupfwespen, Laufkäfer und Spinnen sollte man fördern.

APFELWICKLER, PFLAUMENWICKLER ❧ Die Falter sind unauffällig bräunlich-grau, die Raupen vieler Arten spinnen sich in zusammengerollte Blätter ein. Die Raupe bohrt sich in die Frucht (Bohrloch sichtbar!), befallene Früchte verfärben sich und fallen ab. Sie überwintern als Kokon in der Erde, Rinde oder in Blättern. Im Frühling entwickeln sie sich zum Falter und fliegen im Mai/Juni und Juli/August. Vorbeugende Maßnahmen: Sortenwahl, Stammanstrich, Fallobst entfernen, natürliche Feinde fördern. Ein Wellpappegürtel, der den Raupen als Versteck dient, kann um den Stamm gebunden werden und muss regelmäßig kontrolliert und verbrannt werden.

Knoblauchtee

400 g zerdrückte Knollen mit 5 l kochendem Wasser aufgießen und zugedeckt mindestens eine halbe Stunde, maximal 24 Stunden ziehen lassen, unverdünnt verwenden.

WÜHLMAUS ❧ Mit dem Maulwurf, der (abgesehen von den Hügeln im Rasen) ein Nützling ist, ist die Große Wühlmaus oder Schermaus nicht zu verwechseln. Wühlmäuse legen knapp unter der Erde lange Gänge an und nur wenige, ganz flache, ungeordnete Häufchen. Sie nagen vorwiegend die Wurzeln junger Obstbäume an. Daher sollten diese nie ohne ein feinmaschiges (Maschenweite unter 16 mm), unverzinktes Drahtnetz gepflanzt werden.

Natürliche Feinde wie Greifvögel können durch Sitzstangen gefördert werden, Steinhaufen können für Hermelin und Hauswiesel und Ringelnattern angelegt werden.

Im Spätherbst oder zeitigen Frühjahr kann man Fallen (Kasten- oder Drahtfallen) aufstellen (nur Gemüseköder verwenden, sonst erwischt man Maulwürfe und Hermeline). Giftköder auszulegen oder Begasungen vorzunehmen ist zu gefährlich.

FROSTSPANNER ❧ Ein im Herbst (September/Anfang Oktober) frisch angebrachter Leimring schützt vor einem Befall mit Frostspannern (flügellose Weibchen kriechen die Stämme hinauf, um Eier in der Rinde abzulegen: kleine, grüne Raupen, die Blätter fressen, im Frühjahr)! Leimringe sollten nur so lange am Stamm bleiben, wie ein starker Befall herrscht, dann entfernen, sonst bleiben zu viele andere Insekten daran kleben.

Der Gesundheit und Umwelt zuliebe sollte auf jegliche Spritzmittel verzichtet werden. Selbst „biologische" Spritzmittel schonen nicht immer die Nützlinge oder können zumindest deren Fortpflanzungsfähigkeit schwächen.

Die wichtigsten Nützlinge im Obstgarten

Ein Naturgarten mit verschiedensten Sträuchern, einer Wildobsthecke, Obstbäumen, Wiese, Trockensteinmauern, Teich, wildem Eck mit Brennnesseln, Ast- und Laubhaufen und eventuell noch Totholz bietet sehr vielen Nützlingen Lebensraum.

Der Marienkäfer und seine Larven zählen zu den größten Blattlausjägern. Es gibt auch Arten, die auf Schildläuse, Weiße Fliegen und Spinnmilben spezialisiert sind, einige fressen sogar Mehltaupilze (z. B. der gelbe 22-Punkt-Marienkäfer). Gefördert werden Marienkäfer durch jeglichen Verzicht auf den Einsatz von Pestiziden und durch das Angebot von südexponierten, lockeren Steinhaufen, in deren Hohlräumen sie überwintern können.

Nützliche Käfer Auch andere Käfer sind wichtige Nützlinge: Laufkäfer fressen Schnecken, Weichkäfer und deren Larven ernähren sich von Blattwespenlarven, Blattläusen, Schmetterlingsraupen und Insektenlarven. Die Ohrwürmer, die sich tagsüber gerne in Mulchschichten oder unter Pflanzen, Baumrinden, in Blüten zurückziehen, sind Allesfresser, bevorzugen jedoch Blattläuse und Blutläuse.

Der Igel fühlt sich in den Hecken und im Obstgarten wohl und braucht den Ast- und Laubhaufen zum Überwintern. Er frisst verschiedene Insektenlarven, Spinnen, Asseln und Schnecken.

Vögel Eine Vielzahl an Vogelarten bewohnt und beerntet die Hecken, ernährt sich aber auch von den Raupen, die in den Obstbäumen leben.

Fliegen Die Larven einiger Schwebfliegenarten und Florfliegen sowie deren Larven sind sehr effektive Schädlingsregulatoren. Sie sehen nicht nur wunderschön aus, sie vertilgen ganze Blattlaus- und Spinnmilbenkolonien. Sie können durch blütenreiche Stauden- und Kräuterpflanzungen sowie spezielle Florfliegenquartiere mit Stroh und Heu zur Überwinterung gefördert werden.

Erdkröten ernähren sich von Würmern, Schnecken/-eiern, Spinnen und Insekten. Tagsüber verstecken sie sich in Steinhaufen, Hecken und Laub, in der Dämmerung werden sie aktiv. Sie leben in Hecken, Uferstreifen, Obstwiesen, Steinhaufen und Holzstapeln und überwintern in Komposthaufen und lockeren Erd-Laubhaufen.

Fledermäuse sind wertvolle Insektenjäger.

Nematoden parasitieren in den Larven des Dickmaulrüsslers und zerstören diese rasch (Einsatz nur sinnvoll bei Bodentemperaturen von mind. 10 °C).

Bezugsadressen von Nützlingen und nützlingsfördernden Produkten: siehe Anhang Seite 95.

Bewässerung und Winterschutz

Beim Pflanzen und Einwachsen von Obstgehölzen ist für eine ausreichende Bewässerung zu sorgen. Auch auf Balkonen und Terrassen muss zumindest in Trockenperioden gegossen werden. Gemulchte Beerensträucher und bereits eingewachsene Obstbäume bedürfen meist keiner speziellen Bewässerung. Richtiges Gießen bedeutet, dass in der Früh gegossen wird und prinzipiell eher nur im Wurzelbereich. Nasse Blätter sind sehr pilzgefährdet! Staunässe ist unbedingt zu vermeiden, an eine Dränageschicht in Lehm- und Tonböden sollte schon bei der Pflanzung gedacht werden. Auch in Blumentöpfen muss das Abfließen von überschüssigem Wasser gewährleistet sein.

Urlaubsbewässerung für Kübelpflanzen

Hier gibt es mehrere Möglichkeiten: von kleinen Tonkegeln, die mit Wasser befüllt im Blumentopf stecken und mit einem Schlauch mit einem großen Wasserkübel als Reservoir verbunden sind, bis hin zur Tröpfchenbewässerung (schwarzer Plastikschlauch mit Löchern) mit Bewässerungsautomat. Schön sind auch größere Glaskugeln mit Rohr, die mit Wasser befüllt im Topf stecken (müssen bei Hitze aber täglich wiederbefüllt werden). Generell ist der beste Zeitpunkt zum Gießen frühmorgens. In Balkonkästen eingebaute Dränage/Wasserspeicher in Form von Blähtonkugeln oder Ziegelsplitt haben sich sehr bewährt.

Bewässerung

Bei der Pflanzung von Obstbäumen und Beerenobst ist eine ausreichende Bewässerung unumgänglich, auch während der Anwuchsphase. Werden Beerensträucher gemulcht, ist eine weitere Bewässerung nur während der heißen, trockenen Sommerwochen zur Ausbildung großer Früchte vonnöten. Besonders bei Erdbeeren sollte darauf geachtet werden, dass sie nicht völlig austrocknen, aber auch nicht zu viel bewässert werden. Die Obstart, die am meisten Wasser braucht bzw.

Blumenkiste mit Drainage aus Blähton oder Schotter, lockere Komposterde und Bewässerungskegel oder Glaskugel

verträgt, ist die Gruppe der Pflaumen, Zwetschken und Kriecherl. Am meisten Trockenheit vertragen Mandeln, Feigen und Pfirsiche.

Winterschutz

Am Balkon und auf der Terrasse sollten manche Töpfe in strengen Wintern eingewickelt werden, um den Topf selbst und die Wurzeln zu schützen. Dazu verwendet man Kokosmatten, Jute oder Vlies, die im Fachhandel erhältlich sind, und wickelt sie fest um den Topf. Wichtig ist die Wahl eines frostsicheren Gefäßes und die Gewährleistung eines guten Wasserabzugs (Dränageschicht!). Damit das Wasser abfließen kann, stellt man die Töpfe auf ca. 3 cm dicke Holzlatten.

Um Frostschäden an jungen Obstbäumen zu verhindern, werden die Stämme auch mit Kokosmatten eingewickelt oder einfach bestrichen. Ab Mitte Jänner oder Februar bekommt die Sonne so viel Kraft, dass sich die Baumstämme auf ihrer Südseite sehr stark erwärmen, während die Nordseite nach frostigen Nächten noch tief gefroren ist. Dadurch entstehen Spannungen im Rindengewebe, die zu Frostrissen führen können. Diese bilden wiederum Eindringmöglichkeiten für Pilzkrankheiten und Schädlinge. Die weiße Farbe reflektiert das Sonnenlicht und der Lehm hält die Rinde elastisch. Daher sollte vor allem bei jungen Obstbäumen im Oktober/November vorbeugend ein Stammanstrich vorgenommen werden.

Heilender Stammanstrich

1 Teil Lehm oder Bentonit (Tonmehl, Gartenfachhandel), 1 Teil Algenkalk (oder 2,5 kg gelöschter Kalk [nie Branntkalk!] nach und nach mit 10 l Wasser anrühren), mit Schachtelhalmbrühe: 250 g getrocknetes Schachtelhalmkraut in 10 l Wasser ansetzen und mindestens 24 Stunden stehen lassen, danach 30 Minuten kochen. Der Anstrich soll zähflüssig und 24 Stunden gequollen sein. Mit dickem Pinsel Rinde großzügig bestreichen. Topfen erhöht die Haftfähigkeit des Anstrichs. Es gibt auch fertige Bio-Baumanstriche im Handel. Fichtenreisig von Adventschmuck und Christbaum kann nach den Feiertagen zum Abdecken von Rosen, empfindlichen Steingartenstauden sowie Kiwi und Edelkastanie (lieben eher sauren Boden!) gegen Kahlfröste und Wintersonne verwenden.

Winterschutz für Topf-Himbeeren

Vermehren leicht gemacht

Die Vermehrung von Obstbäumen ist eher eine Spezialaufgabe für Fachbaumschulen. Vor allem die Veredelung und Sortenzucht ist eine eigene Kunst, die interessierte Obstliebhaber jedoch in Kursen erlernen und mit viel Erfahrung auch im Hausgarten umsetzen können. Die Vermehrung von Beerensträuchern gelingt jedoch auch Gartenanfängern! Durch Absenker oder Stecklinge lässt sich der Beerengenuss für kommende Jahre erhalten und vermehren.

Vermehrung aus Kernen und Samen

Nur sehr wenige Obstarten lassen sich erfolgreich aus Kernen weitervermehren. Die meisten Obstsorten werden über Veredelung vermehrt (Edelreiser werden mit einer Veredelungsunterlage dauerhaft mittels Pfropfung oder ähnlicher Verfahren, die besser den Profigärtnern überlassen werden sollten, verbunden). Verkauft werden ein- oder zweijährige (oder ältere) Veredelungen auf verschiedenen Sämlingsunterlagen. Nur bei den Pfirsichen, vor allem den Weingartenpfirsichen, die selbstfruchtbar sind, entsprechen die Nachkommen weitgehend der Mutterpflanze. Das heißt, dass sich aus einem Pfirsichkern durchaus ein Baum mit qualitativ hochwertigen Früchten entwickeln kann. Wenn drei Kerne gepflanzt werden, keimt sicher mindestens ein Bäumchen! Von der Aussaat von Samen bei Beerenobst ist abzuraten, nur die Kapstachelbeere kann aus Samen gezogen werden.

Grünstecklinge

Die Vermehrung durch belaubte Stecklinge ist bei Beerenobst eine einfache und beliebte Methode. Man schneidet kräftige einjährige Triebe in ca. 5 bis 15 cm lange Stücke. Die unteren Blätter werden entfernt, der Steckling wird fast vollständig in ein lockeres Substrat gesteckt und reichlich eingegossen. Diese Methode eignet sich besonders für Johannisbeeren, Stachelbeeren, Preiselbeeren und Holunder. Jostazweige bewurzeln sich sogar in einem Kübel Wasser.

Vermehrung durch Grünstecklinge bzw. Steckholz

Steckhölzer

Diese unbelaubten Grünstecklinge werden im Spätherbst geschnitten. Das Holz soll sich nicht zu leicht biegen lassen, es soll einen starken Widerstand zeigen und mindestens bleistiftdick sein. Im Winter wird es kühl, frostfrei und vor Austrocknung geschützt gelagert. Im Frühling kürzt man die Hölzer auf 5 bis 15 cm lange Stücke ein und verfährt wie oben.

Absenker

Diese einfache Methode eignet sich vor allem für Johannisbeeren, Stachelbeeren, Brombeeren und Heidelbeeren. Dabei werden während der Vegetationsperiode junge Triebe zu Boden gedrückt, die Rinde an dieser Stelle an der Unterseite mit einem Messer leicht eingeritzt und mit Erde bedeckt. Die Triebspitze soll noch herausragen. Zur Verankerung kann ein Holzhaken dienen.

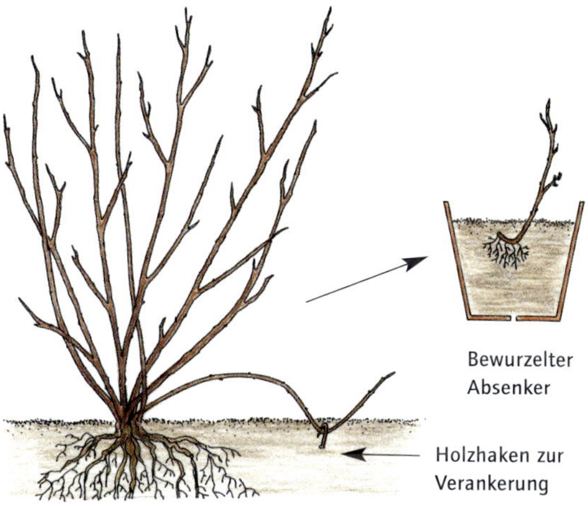

Vermehrung durch Absenker

Teilung

Johannisbeeren, Walderdbeeren und unterirdische Ausläufer der Himbeere können jederzeit durch Teilung vermehrt werden. Zwei Grabgabeln werden in die Mitte des Strauches in den Wurzelstock gesetzt und auseinandergedrückt; dichte Stöcke teilt man mit dem Spaten. Die Erde sollte an den Wurzeln bleiben, die Sträucher werden etwas zurückgeschnitten, damit sie nicht zu einseitig wachsen.

Vermehrung durch Teilung

Ausläufer

Ananaserdbeeren bilden oberirdische Ausläufer, die man im Juli/August von der Mutterpflanze trennt und in Töpfe oder gleich an den neuen Standort setzt. Walderdbeeren und auch die Preiselbeeren bilden unterirdische Ausläufer, die man wie bei der Teilung trennt.

Stolonen bei Erdbeeren

Gesicherte Ernte durch richtigen Schnitt

Der richtige Schnitt dient zur Gesunderhaltung der Bäume und Sträucher und sichert einen konstanten, der Art und Sorte gemäßen Ertrag bis ins hohe Lebensalter. Regelmäßige, sanftere Eingriffe erweisen sich als weit unproblematischer als seltene, große Eingriffe. Mithilfe der wichtigsten Regeln, großer Aufmerksamkeit beim Beobachten und dem Besuch von Schnittkursen kann sich (fast) jeder diese wichtige Pflegemaßnahme zutrauen.

Obstbaumschnitt

Veredelte Obstbäume sind so gezüchtet, dass sie nur mit Schnittmaßnahmen eine regelmäßige Krone aufbauen und gesunde, große Früchte tragen. Der richtige Schnitt ist eine Kunst, die nicht nur in vielen Büchern nachgelesen werden kann, sondern auch in der Praxis in Schnittkursen erprobt werden sollte. Mit einigen wichtigen Regeln und genauer Beobachtung sowie Erfahrung über die Jahre hinweg kann sich auch der interessierte Gartenbesitzer den Obstbaumschnitt zutrauen.

Warum schneiden?

Wird ein Obstbaum nie geschnitten, entwickelt sich die Krone dem natürlichen Wuchs folgend oft sehr hoch, dicht und ausladend. Der ökologische Wert eines solchen Baumes ist natürlich sehr groß, je älter und je reicher an Totholz, umso größer. Meist wird ein Obstbaum allerdings zu Erntezwecken und auch unter einem ästhetischen Gesichtspunkt gepflanzt. Um einen schönen Kronenaufbau und eine reiche Ernte zu erzielen, sind Schnittmaßnahmen nötig. Prinzipiell sind sanfte, häufigere Eingriffe besser als seltene, aber große, radikale Schnitte. Das wesentliche Ziel ist, eine günstige Fruchtentwicklung auf beerntbaren (nicht zu hohen) Bäumen zu ermöglichen. Genügend Luft und Licht sollte zu den Früchten gelangen, die Äste sollten nicht zu ausladend und bruchgefährdet werden. Ein sachgemäß durchgeführter Schnitt erhöht die Lebenserwartung eines Obstbaumes.

Die wichtigsten, pflegenden Schnittmaßnahmen, neben dem Pflanzschnitt, sind:

- Erziehungsschnitt
- Erhaltungsschnitt
- Verjüngungsschnitt

Geschnitten wird mit Astscheren und Sägen (Fuchsschwanz). Nach jedem Schnitt sollte das Werkzeug mit Spiritus desinfiziert werden, vor allem bei kranken Bäumen!

Der richtige Schnitt Dünne, einjährige Triebe werden leicht schräg oberhalb einer nach außen gerichteten Knospe geschnitten, wobei weder zu knapp an der Knospe geschnitten werden sollte, noch ein langer Stummel stehen bleiben sollte. Dickere Äste werden senkrecht zu ihrer Wuchsrichtung am Stamm unmittelbar nach dem Astring mit einem glatten Schnitt abgeschnitten. Bei sehr dicken Ästen wird zur Verhinderung des Stammaufreißens in zwei Schritten vorgegangen. Zuerst wird der Ast ca. einen halben Meter von der Astgabel entfernt von unten angeschnitten, danach etwas weiter außen von oben durchgeschnitten. Erst dann wird der Rest mit einem sauberen Schnitt entfernt.

Wundverschluss Ein Abdecken mit Baumwachs ist erwiesenermaßen nicht notwendig, da der Baum von sich aus einen Wundverschluss bildet. Daher sollte auch nicht in Frostperioden (und während sehr feuchter Wetterlagen) geschnitten werden, da der Baum keinen Wundverschluss bilden kann und das Eindringen von Pilzen nicht verhindert werden kann. Ganz allgemein wird durch starken Rückschnitt eher das Wachstum gefördert, durch mäßigen Rückschnitt der Ertrag. Auch führen steil stehende Triebe zu reinem Blatt- und Triebwachstum, während flache oder waagrecht gebundene Triebe die Ausbildung von Kurztrieben mit Blütenknospen fördern.

Wann schneiden – vom richtigen Zeitpunkt

Allgemein wird zwischen Winter- und Sommerschnitt unterschieden. Jede Obstart und -sorte hat ihren eigenen richtigen Zeitpunkt. Prinzipiell fördert der Winterschnitt das Wachstum, je früher geschnitten wird, umso stärker. In frostfreien Perioden von Jänner bis März erfolgt der Winterschnitt. Der Sommerschnitt dient als Wuchsbremse, zum Auslichten und ist bei schnittempfindlichen Obstarten wie Marille/Aprikose, Kirsche und Walnuss die einzig sinnvolle Art zu schneiden.

Kronenformen und Schnittarten

Busch, Spindelbusch, Säule, freie Spalierform/formloses Wandspalier, Fächerspalier, Schrägkordon, Pyramidenkrone, Hohlkrone

KRONENFORMEN ❧ Die Kronen der Hoch-, Halb, und Niederstämme weisen meist eine Pyramidenform auf, vor allem Süßkirschen und Zwetschken. Wird der Mitteltrieb herausgenommen, entsteht eine Hohl- oder Trichterkrone, die für Pfirsich und Sauerkirsche empfohlen wird. Um eine gute Fruchtqualität (viel Licht ins Kroneninnere!) zu erreichen, wird oft auch bei Apfel, Kirsche und Zwetschke die Hohlkronenform bevorzugt.

PFLANZSCHNITT ❧ Da beim Verpflanzen von Bäumen und Sträuchern Wurzeln verletzt werden oder verloren gehen, wird auch die Krone zurückgeschnitten, da die Versorgung der vielen frischen Austriebe durch wenige Wurzeln nicht gewährleistet ist.

Man wählt einen Mitteltrieb (Stammverlängerung) und drei bis vier günstig stehende (im

Erziehung und Erhaltung einer Pyramidenkrone

Pflanzschnitt — Erziehungsschnitt — Erhaltungsschnitt

Winkel von 45 bis 90 ° zum Stamm, gleichmäßig verteilte) Seitentriebe als künftige Leittriebe. Überzählige Triebe werden entfernt. Der Mitteltrieb wird (beim Apfel) um eine Handbreit länger als die Seitenäste eingekürzt. Diese werden auf „Saftwaage" (d.h. alle auf gleiche Höhe) geschnitten. Je später gepflanzt wird, desto stärker wird eingekürzt, in der Regel werden die Triebe um die Hälfte bzw. ein Drittel eingekürzt.

Erziehungs- und Erhaltungsschnitt ❧ Zum Aufbau einer gleichmäßigen Pyramidenkrone für Nieder-, Halb- und Hochstämme werden im Jahr nach der Pflanzung alle Konkurrenztriebe, die parallel zum Mitteltrieb wachsen, sowie steile Neutriebe ganz weggeschnitten. Die Leittriebe werden um ein Drittel (bis zur Hälfte) eingekürzt, die letzte Knospe, die bleibt, sollte nach außen weisen. Der Mitteltrieb wird weniger eingekürzt, nur so weit, dass er mit den Seitenästen einen Dachwinkel von etwa 120 ° bildet. Steil stehende Triebe werden durch Spreizen oder Binden waagrechter gestellt. Kroneneinwärts und zu dicht stehende Äste werden ganz entfernt.

Beim Erhaltungsschnitt steht das Auslichten im Vordergrund. Altes, abgetragenes Fruchtholz wird durch Absetzen auf jüngere Triebe entfernt. Das Höhenwachstum kann durch Zurückschneiden auf waagrecht stehende Verzweigungen gebremst werden.

Verjüngungsschnitt ❧ Um die Kronen gepflegter Bäume kompakter zu gestalten, wird die Krone bis zu einem Drittel reduziert. Das Kroneninnere wird ausgelichtet und die Leitäste werden im Dachwinkel von ca. 120 ° auf günstig stehende jüngere Verzweigungen zurückgesägt. Beim Schnitt alter, gepflegter Kronen dürfen nicht zu starke Eingriffe erfolgen, um keine Ernteausfälle und Wasserschossbildung zu fördern. Verstümmelungen alter Bäume begünstigen den Pilzbefall und reduzieren das Lebensalter. Es wird vom oberen Kronenbereich her zurückgeschnitten und ausgelichtet, um Licht in die unteren Astpartien zu bringen. Von der Seite her wird die Krone kompakter gemacht, das Fruchtholz wird durch Auslichten und Zurücksetzen auf jüngere Verzweigungen erneuert.

Ältere Bäume benötigen einen jährlichen Schnitt, um den Ertrag zu erhalten.

Schnitt kleiner Baumformen und Spaliere

Spindelbusch ❧ Beim Spindelbusch wird ein gerader Ast mit waagrecht stehenden Fruchtästen im Abstand von 50 bis 60 cm gezogen. Am besten wird eine einjährige Veredelung gepflanzt, die auf die gewünschte Kronenhöhe von ca. 50 cm und vier Augen zurückgeschnitten wird. Im zweiten Jahr werden drei bis vier günstig stehende Seitentriebe waagrecht gebunden und der Mitteltrieb zur Fruchtholzbildung eingekürzt. Beim Erhaltungsschnitt wird nur zwei- bis dreijähriges Fruchtholz erhalten.

Die Schlanke Spindel ❧, die noch einfacher zu erziehen ist, wird vor allem bei Apfel und Birne angewendet. Am Baum bleiben nur ein- und zweijährige Triebe (nur bei Sorten, die am mehrjährigen Holz fruchten, auch dreijährige) bestehen, alle Fruchttriebe werden nach dem Abtragen am Stamm entfernt. Durch die Last der Früchte hängen bei unregelmäßig geschnittenen Spindeln die Spitzen der Fruchttriebe nach unten. Zur Verjüngung schneidet man jüngere, waagrecht nach außen wachsende Triebe ab.

Spaliere sind mehr oder weniger zweidimensionale Obstbäume. Die Fruchttriebe stehen auf zwei Seiten gegenüber, der Abstand der Etagen sollte mindestens 60 cm betragen. Beim Kauf sollte man eine junge Spindel, die optimalerweise in der Höhe des ersten Stützdrahtes ein gegenüberliegendes Astpaar hat, auswählen. Nach der Pflanzung werden die beiden Triebe flach an den Draht angebunden und auf 60 cm eingekürzt, alle flach wachsenden Triebe werden auf kurze Zapfen (ein bis zwei Augen) zurückgeschnitten, steil wachsende Triebe ganz entfernt. Im Sommer danach werden zwei günstig stehende Seitentriebe für die nächste Etage ausgewählt und im 60 °-Winkel zum Mitteltrieb angebunden

Spalierobstschnitt: Palmetten-Erziehung

Spaliergehölze wachsen im Schutz der Hauswand.

(im Folgewinter waagrecht). Die an den Haupttrieben entstandenen Jungtriebe werden im August auf zwei bis vier Augen zurückgeschnitten, worauf sich kurzes Fruchtholz bildet. Nur die Leitastverlängerungen, die an das Spaliergerüst gebunden werden, bleiben verschont. Im Mai werden alle Triebe, die mehr als acht Augen haben, auf vier Augen zurückgezwickt (pinziert). Durch diese Schnittformationen werden die Obstbäume zu wahren Kunstwerken, ähnlich den barocken Baumgestalten. Marillen/Aprikosen werden meist als Fächerspalier an Hauswänden gezogen. Dazu werden die Seitentriebe, die in V-Form vom Stamm abgehen, festgebunden und zur Fruchtholzbildung angeregt. Formlose Spaliere sind ebenfalls möglich und bringen ebenfalls gute Erträge.

Schnitt bei Sauerkirsche und Pfirsich Diese Obstarten blühen am einjährigen Holz. Beim Pfirsich unterscheidet man Holztriebe, wahre und falsche Fruchttriebe. Reine Holztriebe erkennt man an den runden Blattknospen, „falsche" Fruchttriebe bringen zwar Blüten, aber kaum Früchte hervor. Die wahren Fruchttriebe erkennt man daran, dass sich im mittleren Bereich Knospengruppen aus je zwei Blüten- und einer Blattknospe bilden. Falsche Frucht- und Holztriebe werden auf Zapfen geschnitten, bei den wahren Fruchttrieben belässt man je sechs Knospengruppen. Die Sauerkirsche hat spitze Knospen, die einzeln stehen, und runde Blütenknospen in Gruppen.

Schnitt der Beerensträucher

Brombeere

Bei aufrecht wachsenden Brombeeren werden die abgetragenen Triebe im Herbst bodennah abgeschnitten, die diesjährigen bleiben ungeschnitten. Im Sommer können lange Seitentriebe eingekürzt werden.

Himbeere

Hier unterscheidet man zwischen Sommerhimbeeren und Herbsthimbeeren. Bei den sommertragenden oder zweimal tragenden Sorten werden die letztjährigen, abgetragenen Triebe nach der Sommerernte bodengleich weggeschnitten, von den diesjährigen Trieben bleiben nur die stärksten Ruten im Abstand von 15 cm stehen (oder zwölf Triebe pro Meter). Bei herbsttragenden Sorten werden alle Triebe im Herbst bodengleich abgeschnitten.

Bleiben Ruten stehen, kann sich die Himbeergallmücke (kugelige Gallen im unteren Rutenbereich) oder die Rutenkrankheit (Pilz, der violett verfärbte Flecken auf Ruten hinterlässt) ausbreiten.

Johannisbeere

Rote und Weiße Johannisbeeren fruchten vor allem am zwei- und dreijährigen Holz, während die Schwarze Johannisbeere/Ribisel hauptsäch-

Beerensträucher: Erhaltungsschnitt

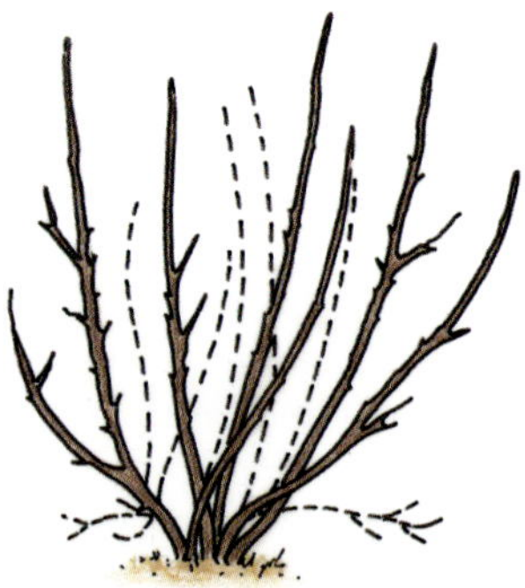

Bei Stachelbeeren belässt man nur die kräftigsten Bodentriebe

Erziehungssysteme bei Johannis- und Stachelbeeren

3-Ast-Hecke Spindelecke

lich am ein- und zweijährigen Holz fruchtet. Regelmäßiges Verjüngen ist daher wichtig. Es sollten jeweils sieben bis zehn kräftige Leittriebe vorhanden sein, wobei ab dem vierten Jahr jährlich je zwei bis drei Triebe durch junge Bodentriebe ersetzt werden. Wenige Wochen vor der Ernte sollten alle längeren und steil wachsenden Seitentriebe eingekürzt werden, damit die Beeren ausreichend Sonne bekommen. Schnittzeitpunkt: nach der Ernte oder im frühen Herbst.

Stachelbeere

Da Stachelbeeren von Natur aus langsamer wachsen, müssen sie kaum geschnitten werden. Erst nach vier Jahren werden alte, abgetragene Leitäste durch junge Äste ersetzt. Im Winter werden zu dichte und sich innen kreuzende Äste entfernt. Sind Spitzen braun verfärbt, sicherheitshalber ins gesunde Laub zurückschneiden.

Kiwi

Kiwis werden meist entlang von stabilen Drahtspalieren, Rankgerüsten oder Pergolen gezogen. Nach der Pflanzung wird am besten nur ein Trieb stehen gelassen und dieser um ein Drittel eingekürzt. Wird sie an einem Spalier mit Querdrähten gezogen, baut man einen Mitteltrieb in Etappen auf. So entstehen Etage für Etage Seitentriebe, die angebunden werden. Im Frühling werden alle steil wachsenden Seitentriebe entfernt, Mitteltrieb und Gerüstäste werden eingekürzt. Seitentriebe an den Gerüstästen kürzt man im Sommer auf etwa fünf Blätter ein. An den Gerüstästen entstehen fruchtende Seitentriebe, die im Sommer auf acht bis zehn Blätter hinter der letzten Frucht eingekürzt werden. Für Pergolen werden vier bis sechs Gerüstäste gut verteilt über die Pergola gezogen. Seitentriebe, die getragen haben, werden im Frühjahr auf „Zapfen" zurückgeschnitten. Starker Rückschnitt fördert die Bildung von einjährigem Holz, das größere Früchte trägt. Geerntet wird, sobald die Blätter fallen.

Wein

An Lauben und Pergolen sind besonders blaufruchtige Trauben mit rotem Herbstlaub gut. Die beste Pflanzzeit ist der April, gute Bodenlockerung ist die Voraussetzung. Auch hier wird meist am Spalier in Etagen (Abstand je ca. 60 cm) erzogen. Im Sommer werden die jungen Seitentriebe, sobald sie zehn bis fünfzehn Blätter gebildet haben, auf drei bis vier Blätter oberhalb der letzten Frucht eingekürzt. Ab August entspringende, schwache Triebe bricht man aus, auch schneidet man Blätter, die den Trauben das Licht wegnehmen, aus. Im zeitigen Frühjahr (Februar) schneidet man Triebe, die gefruchtet haben, immer auf ein bis zwei Knospen zurück. Mehrjährige Triebe werden zur Verjüngung auf einen näher zum Haupttrieb wachsenden, jüngeren Seitentrieb zurückgeschnitten.

Schnitt der Weinreben

Schnitt auf Astring

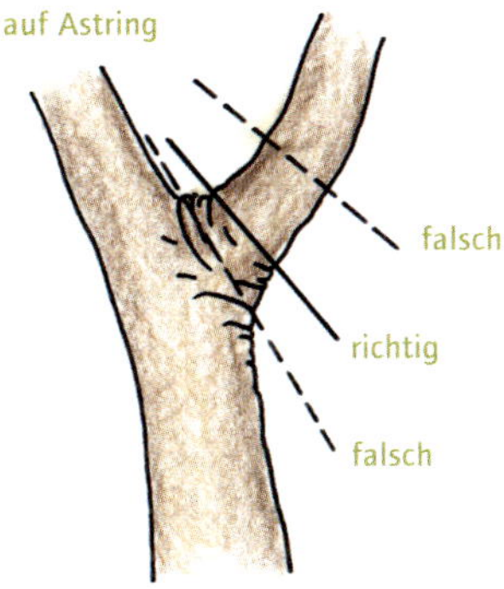

Schnittarten; Schnitt einjähr. Triebe

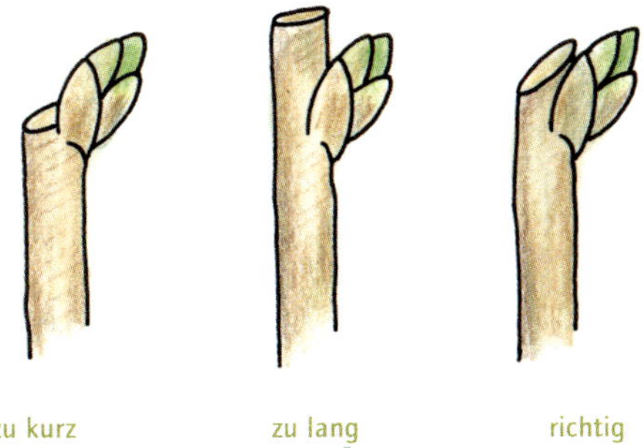

Register der Pflanzenporträts, Rezepte und Rezepturen

Dieser Baum trotzt tapfer Wind und Wetter.

Infos & Adressen

Weiterführende Literatur

Bernkopf, Siegfried/Keppel, Herbert/Novak, Rudolf: Neue alte Obstsorten; Club Niederösterreich 1991

Biermaier, Monika/Wrbka-Fuchsig, Ilse: Kompost und Düngung im naturnahen Garten avBUCH, Wien 2006

Buchter-Weisbrodt, Helga: Handbuch Obstgarten, Österreichischer Agrarverlag, Wien 2007

Friedrich, Gerhard/Petzold, Herbert: Handbuch Obstsorten, Verlag Eugen Ulmer, Stuttgart 2005

Gaber, Roland: Äpfel für den Hausgarten, Österreichischer Agrarverlag, Wien 2006

Gaber, Roland: Obst im Hausgarten, Agrarverlag, Leopoldsdorf 2002

Gosch, Theresia: Beeren für den Hausgarten, avBUCH, Wien 2006

Graupe, Friedrich/Koller, Sepp: Delikatessen aus Unkräutern, Verlag Orac, Wien 1983

Kienegger, Manuela: Nützlinge im naturnahen Hausgarten, avBUCH, Wien 2007

Magazin „Kraut & Rüben" (erscheint monatlich)

Kreuter, Marie-Louise: Der Biogarten, blv, München 2000

Lucke, Rupprecht/Silbereisen, Robert/Herzberger, Erwin: Obstbäume in der Landschaft, Verlag Eugen Ulmer, 1992

Grüne Reihe des Bundesministeriums für Umwelt, Band 7: Alte Obstsorten und Streuobstbau in Österreich, austria medienservice, 1994

Pirc, Helmut: Wildobst im eigenen Garten, Leopold Stocker Verlag, Graz/Stuttgart 2002

Ploberger, Karl: Balkone und Terrassen naturnah gestalten, Österreichischer Agrarverlag, Wien 2008

Schreiber, Robert: Marillen für den Hausgarten, avBUCH, Wien 2008

Till, Susanne: Wildkräuter Delikatessen, Niederösterreichisches Pressehaus Druck- u. Verlags-Ges.mbH, St. Pölten 2001

Zeitlhöfler, Andreas: Wildobst für den Hausgarten, avBUCH 2008

Hensel/Jany/Mayer/Späth: Das große GU Praxishandbuch Garten
Gräfe und Unzer Verlag, München 2006

Adressen

Bauerngarten "Natur sucht Garten"
auf der **NÖ Landesgartenschau**
DIE GARTEN TULLN
Am Wasserpark 1, 3430 Tulln
www.diegartentulln.at

Arche Noah
Gesellschaft für die Erhaltung der Kulturpflanzenvielfalt
Obere Straße 40, 3553 Schloss Schiltern
www.arche-noah.at

biohelpGmbH
Kapleigasse 16, 1110 Wien
www.biohelp.at

Obstbaumschule Schreiber
Schubertstraße 23, 2170 Poysdorf
www.schreiber-baum.at

Artner Bio-Baumschule
Reichenau am Freiwald 9, 3972 Bad Großpertholz
www.artner.biobaumschule.at

Regionale Gehölzvermehrung (rgv)
Zeile 85, 2020 Aspersdorf
www.heckentag.at

Vermigrand Regenwurmfarm
Wurmkompostkiste, Komposttee
Kremserstraße 63, 3462 Absdorf
www.regenwurmfarm.at

Baumschule Hergesell
Grafenberg 56, A-3730 Grafenberg

Arboterra GmbH
Hugo-Wolf-Str. 2, D-14513 Teltow
www.arboterra.com

Pomologen-Verein
c/o Joachim Brauss
Deutschherrenstraße 94, 53177 Bonn
www.pomologen-verein.de

Verein zur Erhaltung der Nutzpflanzenvielfalt e. V.
Geschäftsstelle
Ursula Reinhard (1. Vorsitzende)
Sandbachstraße 5, D-38162 Schandelah
www.nutzpflanzenvielfalt.de

Bio-Saatgut Ulla Grall
Inhaberin Gaby Krautkrämer
Eulengasse 2, 55288 Armsheim
www.bio-saatgut.de

Naturdetektive
Ein Multimediaprojekt des Bundesamtes für Naturschutz
Bundesamt für Naturschutz
Konstantinstrasse 110, D-53179 Bonn
www.naturdetektive.de

BOTANIK - Pflanzen & Sämereien
David Müller
Aemtlerstrasse 48, CH-8003 Zürich
Samen Online Shop: www.saemereien.ch

Nützliche Links im Internet

Kompost
www.bauernkompost.at

Gehölzvermehrung
www.salzburg.gv.at/themen/nuw/naturschutz/naturinsalzburgsgaerten/gehoelzvermehrung.htm

Obstsorten
www.deutschlands-obstsorten.de

Bundes-Obstarten-Sortenverzeichnis
www.genres.de/bosr/

Nationales Inventar zu pflanzengenetischen Ressourcen landwirtschaftlicher und gartenbaulicher Arten
www.genres.de/pgrdeu/

IMPRESSUM

E-Mail: buch@avbuch.at, Internet: www.avbuch.at

Die Deutsche Bibliothek – CIP-Einheitsaufnahme
Die Deutsche Bibliothek verzeichnet diese Publikation in der Deutschen Nationalbibliografie; detaillierte bibliografische Daten sind im Internet über http://dnb.ddb.de abrufbar.

PROJEKTLEITUNG: Brigitte Millan-Ruiz, avBUCH
REDAKTION: Barbara Patricia Meister, GartenAkademie, Wien
UMSCHLAG: Ravenstein + Partner, Verden
SATZ UND BILDREPRODUKTION: Hantsch & Jesch PrePress Services OG, 1230 Wien
ILLUSTRATIONEN: Monika Biermaier

DRUCK UND BINDUNG: Westermann Druck, Zwickau
Printed in Germany

ISBN: 978-3-7040-2341-4

Bildquellen

Umschlag:
Ilse Wrbka-Fuchsig

Inhalt:
Ilse Wrbka-Fuchsig: Seite 6 beide, 9, 16 beide, 17 oben, 29 beide, 34, 35, 36 oben, 38, 41, 44, 45, 58 links, 59 unten beide, 62 links unten, 64 unten, 69, 72, 73, 80, 81, 88.
Thomas Wrbka: Seite 12, 14, 15, 36 unten, 58 rechts, 60, 64 oben
Brigitte Baldrian: Seite 10/11, 17 unten, 18, 55, 56 beide, 57 unten, 59 oben, 70/71, 74, 79, 94
A. Thinschmid & D. Böswirth (www. gartenfoto.at): Seite 47, 48 rechts, 57 oben
Theresia Gosch: Seite 39, 90
Wolfgang Redeleit (www.redeleit.de): Seite 13 beide, 86, 89
Bildagentur Waldhäusl (www.waldhaeusl.com): Seite 48 links, 63
GartenAkademie (www.GartenAkademie.com): Seite 93
www.fotolia.com: Seite 3 *(Carmen Steiner)*, 4/5 *(Olga Lis)*, 7 *(Snezana Skundric)*, 8 *(Dagel)*, 22/23 *(ReinhardT)*, 24 *(Patrizier-Design)*, 25 *(tan4ikk)*, 26 *(kernel)*, 27 *(Heico Neumeyer)*, 28 *(Lianem)*, 31 *(Olga Lyubkina)*, 32 *(Lucie Říhová)*, 40 *(Olga Chernetskaya)*, 42 links *(Tatiana Krivoshey)*, 42 rechts *(pascal cribier)*, 51 *(DLeonis Caldicola)*, 52 *(Nikolay Okhitin)*, 54 *(rafalwit)*, 61 *(Tomasz Plawski)*, 62 oben *(OutdoorPhotos)*, 62 rechts unten *(chantal cecchetti)*, 65 *(RRF)*, 67 *(Denis Kotov)*, 68 *(schweitzer-degen)*, 76 *(Hannes Strasser)*, 77 *(Michael Pettigrew)*, 82 *(PeJo)*, 84/85 *(ciba2)*, 92 *(Carmen Steiner)*